기후 붕괴 시대,
생명을 살리는
교회 환경교육

기후 붕괴 시대, 생명을 살리는 교회 환경교육

유미호 지음 | 한국교회환경연구소 기획

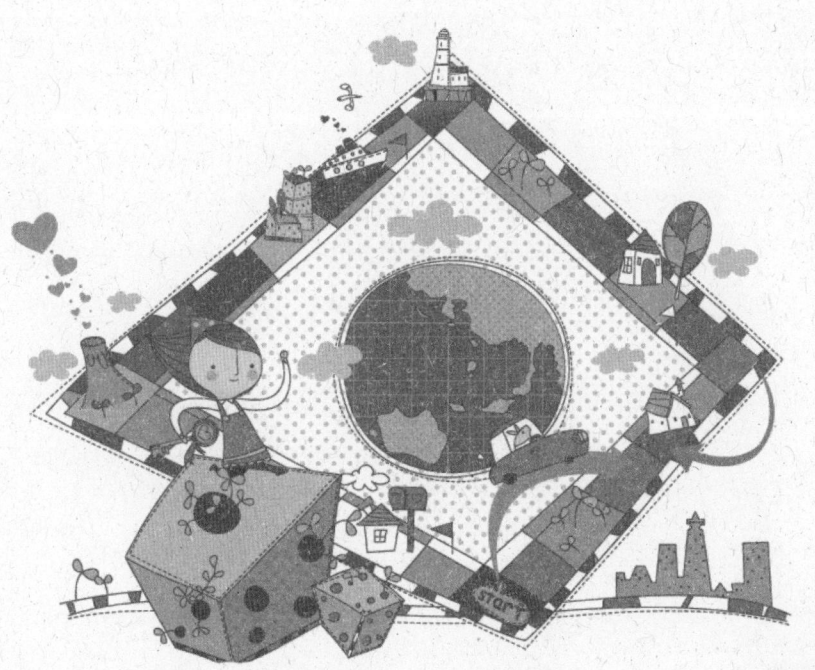

■ 머 리 말

녹색신앙, 녹색교회, 녹색교육을 위하여

기독교환경운동연대와 부설 한국교회환경연구소에서, 내게 주어진 몫을 감당하고 '자연이 곧 나임을 알아차려 자연에게 행함이 곧 나에게 행함이며 자연을 돌봄과 나를 돌봄이 다르지 않다'는 의식을 갖게 된 지 어느덧 스무 해를 바라봅니다. 그동안 이곳에서 많은 이들과 함께 마음을 모았고 또 행했습니다.

일회용품을 쓰지 않고, 대중교통을 이용하고, 합성세제를 삼가고, 중고품을 사용하고, 물 전기를 아껴 쓰고, 육식을 줄이고 음식을 절제하고, 시간에 쫓기는 생활을 하지 않고, 소비광고에 한눈을 팔지 않고, 작고 단순하고 불편한 것을 구하고, 어려움에 처한 자연과 이웃을 도왔던 이들이 있습니다. 서해안 태안에 검은 재앙이 덮쳤을 때만 봐도, 달려가 생명을 살리겠다는 일념으로 돌을 닦으며, 양적인 성장에만 골몰해왔던 자신의 삶과 지구에게 안겨준 고통을 회개하고 또 아픈 지구의 선한 이웃이 되겠다고 다짐했던 그리스도인도 여럿 있습니다. 열병을 앓고 있는 지구를 위해 햇빛발전소를 세우고, 차 없는 주일을 지키고, 초록가게를 열어 자원을 아끼고, 생명의 쌀로 생명밥상을 차려 남김없이 먹는 교회들도 제법 적지 않습니다.

그런데 웬일인지 2011년 지금의 현실은 가히 절망적입니다. 4대강사업으로 인한 강의 신음소리, 구제역 바이러스에 의한 동물들의 생매장, 원전 사고에 의한 방사능 위협, 그리고 기후 붕괴로 인한 자연 재앙 등.

이 책은 생명에게 가해지고 있는 이 같은 폭력을, '내' 문제로 여기거나 거기까진 아니더라도 가까운 '이웃이 내는 하나님의 자녀를 향한 소리'로 듣는, 녹색 그리스도인과 녹색교회에 대한 간절한 소망을 담고 있습니다. 하나님 안에서 '모든 생명이 하나로 연결되어 있음'을 안다면, 지금껏 행해온 자연에 대한 폭력을 멈추고 또 멈추도록 한결 같이 노력할 것이기 때문입니다.

여기 실린 대부분의 글은 기독교교육연구원에서 발행하는 '교육교회'에 '생명을 살리는 환경교육'이라는 주제 아래 2009년 한 해 동안 연재했던 것입니다. 교회에서 환경교육을 계획하고 있다면 참고교재로 활용해볼 만합니다.

'너무 뜨거운 지구에게 희망을 주는 교육', '몸과 맘, 땅을 사리는 생명밥상', '진정한 풍요를 위한 푸른 금식', '생태적 삶을 추구하는 생태영성', '창조동산을 살리는 녹색교회' 교육의 구체적인 내용은, 이 길을 함께 걸어온 동료들과 선후배 특히 실천을 통해 이 길을 다져온 교회들의 헌신적인 노력이 있었기에 정리가 가능했습니다. 또한 현안에 쫓겨 눈앞의 일에만 매여 있을 때 여러 모양으로 새 힘을 불어넣어준 전문가들과, 때때로 글로 정리해낼 수 있게 해준 기독교교육연구원을 비롯한 몇몇 언론, 그리고 한 권의 책으로 엮어준 동연출판사가 아니었다면, 이 책은 세상에 빛을 보지 못했을 것입니다. 이 길을 걷는 동안 이 땅의 한 사람으로 훌쩍 자란, 사랑하는 석찬이와 남편도 기억합니다. 모두가 있었기에 항상 기쁘고 행복했습니다. 감사합니다.

아쉬운 점은 글을 쓸 때마다 내 자신의 경험을 바탕으로 한 깨달음과 일 속에서의 배움을 전제로 했기에 어느 것 하나 제대로 출처를 기록해놓지 않았습니다. 그들이 있어 이 책이 나올 수 있고, 또 오늘도 나는 녹색 그리스도인의 삶을 살아가니 그저 고마울 따름입니다.

이 땅 모든 그리스도인들이 작은 들꽃 한 송이 속에서도 하나님의 숨결을 느끼고, 쉬운 것에서부터 '생태적 삶'을 사는 날. 밥 먹는 것, 입는 것, 잠자는 곳, 일하는 곳 어디서든 할 수 있는 만큼 단순하고 느리게, 그리고 평화롭게 살아가는 그날이 이 책을 통해 조금은 앞당겨지길 기대합니다.

2011년 12월

유 미 호

■ 차례

머리말 – 녹색신앙, 녹색교회, 녹색교육을 위하여

1부 다음 세대를 위한 기독교 환경교육

  01 다음 세대를 위해 기독교 환경교육의 길을 묻다   13
  02 너무 뜨거운 지구에 희망을 주는 교회교육   25
  03 생명을 살리는 물 사랑 교육   40
  04 몸과 맘, 땅을 살리는 생명밥상 교육   53
  05 진정한 풍요를 위한 푸른 금식 교육   66
  06 생태 감수성을 일깨우는 자연 체험   80
  07 생태적 삶을 추구하는 생활영성 교육   92
  08 지속가능한 세상을 위한 '생태적 책임' 교육   105
  09 생활 속 유해물질 줄이기 위한 건강교육   117
  10 흙과 함께 생명을 살리는 교육   129
  11 창조동산을 살리는 '녹색교회' 교육   141
  12 교회 절기를 통한 생명교육   154

2부 '살림'을 위한 제언

  01 생물다양성 보전을 위한 실천들   117
  02 구제역, '생명밥상'을 향한 희망의 증언   183
  03 필요만큼 구하면서, 원전 없는 세상을 꿈꾼다   199

3부 병든 지구를 위해 우리가 할 일 - 〈짧은 글 모음〉

- 01 일주일에 하루, 지구를 위한 채식 · 217
- 02 지구에게 두려움 없는 사랑을… · 220
- 03 사순절엔 '탄소 금식'을… · 223
- 04 '재생종이' 주보로 창조의 숲을 지키고 돌보자 · · · · · · · · · · · · · · · · · · · 227
- 05 도농 상생의 길, 생명의 쌀 나눔 · 229
- 06 교회학교 간식 이대로 좋은가? · 233
- 07 이 땅의 모든 생명과 함께 하는 그린 크리스마스 · · · · · · · · · · · · · · · · · 235
- 08 자연의 벗, NGO와 교회 · 238
- 09 두 발로 병든 지구를 '지키고 돌본다' · 240
- 10 신음하는 피조물에게 희망을 주는 '십자가 불빛' · · · · · · · · · · · · · · · · · 243
- 11 후쿠시마에서 들려오는 신음소리에 애정 어린 경청을… · · · · · · · · 247

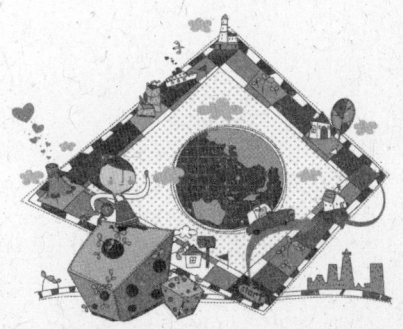

1부

다음 세대를 위한
기독교 환경교육

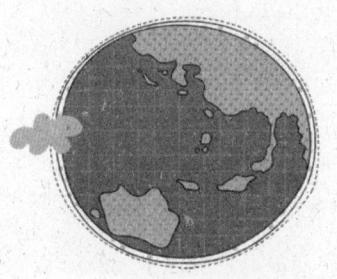

다음 세대를 위해
기독교 환경교육의 길을 묻다

인간성과 자연성 회복을 위한 기독교 환경교육, 그 출발은 다음 세대와 환경을 살리는 삶에 대해 신앙적으로 교육하고 훈련하는 것이어야 한다.

교육은 자신의 삶이 얼마나 지구에 부담을 주고 있는지, 생태발자국 지수를 살피는 데서부터 시작하면 좋다. 그러면 바벨탑을 쌓듯 양적인 성장에만 골몰하는 이들과는 다른 눈으로 세상을 보며 미래를 준비했던, 요셉의 지혜와 능력을 구하는 기도를 자연스레 올리게 될 것이다.

더불어 가르쳐야 할 것은 '하나님께 생명을 부여받은 다양한 생명체들의 존재를 존중'하게 하는 것이다. 하나님께서는 '물들은 생물로 번성케 하라. 땅 위 하늘의 궁창에는 새가 날으라'고 선언하셨다(창 1:20, 22). 사람만이 아니라 땅의 모든 생명에게 생육함, 곧 풍성함(fruitfulness)을 허락하신 것이다. 물고기뿐만 아니라 해충, 병원균 그리고 잡초까지도 모두 제몫을 하며 한데 어울려 사는 세상이 정말로 건강한 삶의 보금자리다. 하나님이 처음 지으시고 '보시기에 좋다'고 긍정하신 세상은 모든 피조물이 조화를 이루고 창조주의 뜻이 온 땅 위에 충만한 곳이었다. 사람도 그 피조물 중의 하나였다. 물론 하나님의 형상대로 지음받은 사람은 하나님께서 피조물을 위해 공급하시는 것처럼(시 23, 104편) 해야 하는 독특한 역할을 부여받았다는 점은 다르다.

따라서 기독교 환경교육은 단순히 수질오염이나 대기오염을 논하는 것이어서는 안 된다. 그것은 숲 전체를 보지 못하고 나무만 보는 우를 범하는 일과 같습니다. 기독교 환경교육은 한마디로 인간성과 자연성을 회복하기 위한 깨달음과 나눔이어야 한다.

인류가 교육을 시작한 이유도 자연의 섭리를 깨달아 자연 속에서 더불어 살아가는 지혜를 나누고자 함이었지 혼자 잘 살 수 있는 비방에 있지 않았다. 사실 하나님의 형상으로 지음받은 인간(창 1:26)은 원래의 창조질서를 회복하고 보존해야 할 사명뿐 아니라 새롭게 가꾸고 재창조해야 할 과제를 갖고 있다.

교육을 통해, 인간이 자연을 새롭게 인식하면 현재와 같은 '대량생산 – 대량소비 – 대량폐기'로 이어지는 물질주의적 생활방식을 변화시킬 수 있다. '물질을 풍요롭게'가 아니라 '물질은 필요한 만큼'으로, 그 대신 '정신은 풍요롭게' 누리는 생활을 추구할 것이다. 그러면 환경파괴를 근본적으로 중지시키고 자연을 회복시킬 수 있다.

이 글에서는 이와 같은 기독교 환경교육이 그동안 어떻게 진행되어 왔는지 살펴보고자 한다. 기독교환경운동연대(전신 한국공해문제연구소)가 1982년 설립된 이래[1] 기독교 환경교육 활동은 교회들과 더불어 꾸준히 전개되어왔다. 물론 기독교 신앙적 고백에 기초한 환경교육이 시작되어 그리스도인들의 생활에 필요한 교육 등으로, 실천적 참여를 이끌어낸 기독교 환경교육은 1990년 들어서의 일이라 할 수 있다.

당시 기독교 환경교육의 시작은 거대 환경담론은 물론 일상의 환경문제를 놓고 관심 있는 그리스도인들이 이야기 나눴던 '환경이야기모임'에서 출발했다. 그러던 것이 환경통신강좌, 환경대학 등 이론과 신앙 교육으로, 그리고 자연안내자교육, 야생화교실, 주말생태교실 등 생태 감수성과 체험 교육을 중심으로 하는 활동으로 변해왔으며, 이제는 생활 속으로 파고드는 환경교육으로 이어져 기독교 환경운동의 대중화에 있어서 중요한 역할을 해오고 있다.

요즘 기독교 환경교육에 있어 큰 비중을 차지하고 있는 것은 1990년대 초 재생비누 만들기로 시작되어 2000년 들어서부터 그리스도인의 삶과 교회적 차원의 실천을 주도해가고 있는 '생활 속 환경교육'입니다. 그 내용을 살펴보면 다음과 같다.

- 녹색기독인십계명[2] 캠페인(1998년 이후)

---

1) 그 후로 19년. 요즘처럼 환경교육의 기운이 활발한 때도 없었던 것 같다. 일반 환경단체들의 환경교육은 체계화되기 시작하였고, 학교교육 과정의 환경교육도 부분적으로나마 정착되어가고 있다. 더욱이 유엔이 지속가능발전교육 10년(2005년~2014년)을 선포하고 회원국들로 하여금 정의롭고, 평화로우며 지속가능한 지구공동체를 구축하기 위한 윤리적 실천원칙인 '지구헌장'을 교육지침으로 사용하도록 결의한 이후, 아직 낯선 개념이긴 하지만 생활 속에서 지속가능성에 관한 교육이 환경교육의 영역을 넘어 다양한 주제로 시도되고 있다. 기독교 환경교육 역시 이러한 상황 속에서 보다 성숙한 역할을 요청받고 있다고 할 수 있다.

이 글은 이런 점을 고려하여 기독교 환경교육의 현장에서 있었던 활동가로서, 그 흐름과 유형을 나름대로 분석했던 글로 다음 세대와 환경의 관점에서 보완한 것이다. 비록 폭넓은 조사를 바탕으로 한 것은 아니지만 기독교 환경운동이 전개돼오던 과정 속에서 함께 했던 교단과 기관, 그리고 교회들과의 나눔이 담겨 있기에 나름대로 의미 있는 자료가 될 것이라 생각한다.

- 하나님 사랑, 물 사랑 실천운동3)(1999년 이후)
- 주말농장 및 텃밭 가꾸기(2000년 이후)
- 생명밥상 차리기4)(2002년 이후)
- 생활 속 에너지절약 및 CO_2 줄이기5)(2000년 이후 / 2007년)

2) **녹색기독인십계명**
   일회용품을 쓰지 맙시다 / 이용합시다, 대중교통 / 삼갑시다, 합성세제 / 사용합시다, 중고품 / 오늘도 물 전기를 아껴씁시다 / 육식을 줄이고 음식을 절제합시다 / 칠 일째는 하나님도 쉬셨습니다. 시간에 쫓기는 생활을 하지 맙시다 / 팔지 맙시다, 소비광고에 한눈을 / 구합시다, 작고 단순하고 불편한 것 / 십자가의 예수님처럼 어려운 이웃을 도웁시다.

3) **물 사랑 실천수칙**
   〈물을 아껴쓰자〉
   ① 세면, 설거지하는 동안 물은 받아쓰자 / ② 한번 사용한 물을 청소, 변기용수 등으로 다시 사용하자 / ③ 가급적 손빨래하고, 세탁기 사용 시 빨래를 모아서 하자 / ④ 수세식 변기에 사용되는 물을 절약하자(절수기 이용 등) / ⑤ 세탁, 샤워, 머리감기 횟수를 줄이자
   〈물 오염을 줄이자〉
   ① 합성세제 대신 천연세제(비누)를 쓰자 / ② 폐식용유로 재생비누를 만들어 사용하자 / ③ 음식을 남기지 말고 찌꺼기를 줄이자 / ④ 농약과 화학비료의 사용을 줄이자 / ⑤ 화장실용, 주방용 화학약품 사용을 줄이자
   〈물을 사랑하자〉
   ① 하나님이 지으신 물을 아끼는 마음을 갖자 / ② 쓰레기와 오물을 하천, 바다에 버리지 말자 / ③ 근처의 샛강을 보호하고 물을 되살리는 운동을 전개하자 / ④ 지하수의 이용을 절제하고 오염을 줄이자 / ⑤ 중수도설치 확산, 수돗물 누수방지, 수돗물 값 현실화를 실현하도록 정부에 건의하자

4) **생명밥상수칙**
   ① 국내산, 유기농산물을 애용한다 / ② 제철음식을 먹는다 / ③ 가공식품을 삼간다 / ④ 외식을 최대한 줄인다 ⑤ 계획 구매하여 오래 보관하지 않는다 / ⑥ 단순하게 조리하여 먹을 만큼 담아낸다 / ⑦ 반찬수를 줄여 간소한 상을 차린다 ⑧ 육식보다 곡식과 채소를 즐긴다 / ⑨ 생명주심에 감사하며, 천천히 먹는다 / ⑩ 신음하는 이웃을 생각하며 소식하다 / ⑪ 남기지 않고 그릇을 깨끗이 비운다 / ⑫ 최소한으로 배출된 음식쓰레기는 재활용한다.

5) **생활 속 CO_2 줄이기 수칙**
   〈전기〉 ① 쓰지 않는 가전기기는 플러그를 뽑거나, 멀티 탭을 이용해 전력손실을 막겠습니다. ② 실내적정온도를 유지하겠습니다.(여름철: 24~28℃, 겨울철: 18~22℃) ③

- 교회숲(담장 헐기 및 녹색쉼터, 녹색주차장, 텃밭, 하늘공원) 가꾸기 (2000년 이후)
- 지렁이 EM을 통한 음식찌꺼기 줄이기(2006년)
- 주말생태교실을 통한 생태 감수성 키우기(2004년 이후)

이러한 실천적 환경교육을 통해 많은 이들이 녹색 그리스도인의 삶을 걸어가게 되었고, 실천의 지평 또한 넓혀갔다고 해도 과언이 아닐 것이다. 그러나 이런 실천적 교육만으로 녹색 그리스도인이 양성된 것은 아니었다. 녹색 그리스도인이란 단순히 육성되는 것이 아니라, 삶의 새로운 방향설정, 즉 생태학적 회심이 없이는 불가능하기 때문이다. 인간 중심, 물질 중심, 과학기술 중심이었던 마음과 정신과 행동을, 생명 중심으로 돌아서게 한 계기가 된 것은 바로 예배다. 예배는 교육의 한 중요한 수단으로, 교회가 어설픈 교육커리큘럼을 가지고 교육하는 것보다 더 많은 것을 가르칠 수가 있다. 그런 점에서 해마다 6월 첫 주일에 드리는 환경주일 예배는 그리스도인들로 하여금 현 생태적 위기와 그 속에서의 삶에 대한 올바른 이해 속에서 신앙적 대안을 찾게 하는 좋은 교육이라고 말할 수 있다.

또 교회 내의 환경활동가들을 양성하는 데 큰 힘이 된 것은 '환경통신

에너지소비효율이 높은 제품을 사용하겠습니다.
〈수도〉① 물을 받아서 사용하고, 한번 쓴 물은 재사용하겠습니다. ② 화장실 물탱크에 벽돌을 넣어 사용하겠습니다. ③ 온수를 덜 사용하겠습니다.
〈가스〉① 가스 밸브를 정확히 개폐하겠습니다. ② 열의 흡수가 잘되는 밑바닥이 넓은 조리기를 사용하겠습니다. ③ 가스 불 세기는 조리기에 따라 적절하게 조절하겠습니다.
〈교통〉① 가급적 대중교통을 이용하겠습니다. ② 가까운 거리는 걷거나 자전거를 이용하겠습니다. ③ 불필요한 차량운행을 삼가고 승용차 요일제에 참여하겠습니다.

강좌'였다. 1994년부터 지금까지 이어지고 있는 이 교육을 통해, 전국에 있는 그리스도인 2천여 명이 녹색의 눈으로 말씀을 묵상하면서 환경문제를 신앙적 차원에서 받아들이고 신음하는 피조물들을 위해 기도하며, 교회와 지역사회 안에서 선한 청지기로서의 삶을 살아가게 되었다. 뿐만 아니라 일회성 행사에 그치던 교회의 환경운동이 '환경위원회'를 구성, 체계를 갖추어 활동하게 하는 계기를 마련해주었다.

물론 기독교 환경교육이 체계화되고, 지도자 양성 및 프로그램 개발 등 전문성의 강화를 위한 활동이 본격화된 것은 1998년 한국교회환경연구소(이하 연구소)가 기독교환경운동연대의 부설기관으로서 사단법인화한 때와 시기를 같이한다. 당시 연구소는 교회들의 환경운동과 생명신학을 접목시키는 연구 활동과 더불어 교회 환경실천 사례를 조사하였는데, 그것의 결실이 바로 지속가능한 사회를 위한 교회 실천과제를 담고 있는 '녹색교회21'이다. 그 의제를 가지고 19개 지역을 돌아다니면서 '녹색교회21' 순회교육을 실시하기도 하였는데, 이는 교회들로 하여금 스스로 죽어가는 생명, 신음하는 피조물을 돌보기 위해 해야 할 구체적인 과제들을 찾게 한 중요한 교육이었다고 할 수 있다.

이후로 해마다 실시된 '생태적 삶을 추구하는 영성', '21세기 생태위기와 인간의 삶', '생태 감수성 회복을 위한 교회지도자교육'은 기독교 환경운동의 질적 전환을 가져오기까지 하였다. 즉 단순히 이웃으로서의 자연을 사랑하자고 하는 차원이 아니라 기독교의 구속적 사랑(아가페)과 함께 그동안 잊힌 풀 한 포기, 나무 한 그루에서도 우주의 신비와 하나님의 숨결을 느낄 수 있는 창조의 영성을 회복해가는 패러다임의 전환을 목표로 삼도록 한 것이다.

이 같은 흐름의 한가운데, 개교회와 교단들이 자체적으로 진행해온 교육들도 큰 부분을 차지하고 있다. 그러한 교회들이 진행해온 기독교 환경교육의 유형을 살펴보면, 다음과 같은 구분이 가능하다.

- 신앙 안에서 교육하기(예배, 공과공부)
- 이론과 체험(일회성 특강이나 세미나, 탐방/기행, 환경통신강좌, 기독교 환경대학)
- 감수성교육(자연학교, 생태캠프, 유기농체험 등 자연과 함께하는 삶교육, 생태영성수련)
- 생활 속 교육
  1. 밥상 차리기, 텃밭 가꾸기, 에너지 절약을 통한 CO_2 줄이기, 천연 비누·화장품 만들기 등
  2. 마을 제대로 알기 - 소음 및 공기 질 측정, 쓰레기 체험, 하천 탐사, 생태지도 그리기
  3. 살고 싶은 마을 만들기 - 교회숲 가꾸기, 교회 햇빛발전소 세우기, 마을 정화(봉사)
  4. 이웃과 더불어 살기 - 초록가게, 지역화폐, 생태육아
  5. 지역 현안 대응하기
- 교회지도자 양성
- 기타(연구조사 등)

아직 환경교육을 실시하는 많은 교회들이 일회성 특강이나 세미나 수준에 머물러 있긴 하지만, 전반적으로 교회 내 기독교 환경교육이 점차 확대되는 가운데 있는 것은 사실이다. 점차 이론 강의와 체험교육이 병행되는 프로그램이 늘고 있으며, 기행이나 탐방과 같은 체험활

동도 증가하고 있는 것으로 보인다. 특히 생명밥상 빈 그릇 실천이라든지, 에너지 절약을 통한 생활 속 CO_2 줄이기 실천과 같은 녹색 그리스도인의 삶에 대한 교육은, 지역별·교회별 지도자 교육은 물론 전국에 있는 200여 교회가 2만 여 성도를 대상으로 교육교재를 가지고 진행할 정도로, 교회 내 기독교 환경교육으로 잘 자리잡아가고 있는 것으로 평가된다.

더구나 몇몇 교회들은 아예 지역에 기반한 환경교육을 개발, 도시교회는 도시교회 대로, 농촌교회는 농촌교회 대로 특성을 살려 지역사회 내에 잘 정착시키고 있다. 그 대표적인 사례로는 연구소가 안산광성교회와 함께 시범사업으로 운영한 주말생태교실과, 작은교회와 청지기교회의 자연학교, 지평교회의 에너지학교, 백석교회의 텃밭 가꾸기, 그리고 어린이도서관이나 방과후교실을 이용한 생태나들이 등의 교육을 하고 있는 쌍샘자연교회, 동녘교회, 고백교회의 교육을 들 수 있다. 농촌지역에서 실시되고 있는 교육으로는 받들교회와 동면교회, 송악교회의 생명학교, 그리고 함양기독교환경운동연대의 어린이 생태캠프를 대표적 교육사례로 꼽을 수 있습니다. 이들 교육 모두가 잃어버린 생태 감수성을 되찾아 하나님의 창조에 대해 깨닫게 하는 커다란 은총을 베풀어 준다.

특별히 주 5일제 수업으로 어린이를 대상으로 한 생태캠프가 관심을 모으고 있는 지금, 농촌교회의 생명학교 운영은, 일 년에 한두 과 정도로 실시되는 공과교육이나 몇 년에 한 번 여름성경캠프에만 의존했던 교육을 보다 지속적이고 전문화된 프로그램으로 나아가게 돕고 있다. 사실 도시에 살더라도 흙의 고마움을 알고 직거래를 통해 한 이웃이 되도록 하는 교육은 창조신앙교육에 있어 필수적이다. 만약 농촌과 도시, 농촌교회와 도시교회의 건강한 협력관계가 활발해진다면 더할 나위 없이 좋은 결실을 가져오리라 생각한다.

한편 일부 교회에서는 직접 자기 지역을 지속가능성의 관점에서 바라보고 마을공동체를 만드는 일에 적극적으로 참여하고 있기도 한데, 살기 좋은 효성동 만들기에 힘쓴 효성중앙교회와, 생태도시 담양 만들기에 힘쓰는 주산교회 등은 생활 속 살기 좋은 마을 만들기의 대표적인 교육사례라 할 수 있다.

이상과 같이 진행되어온 기독교환경교육을 다음 세대와 환경의 관점에서 다시 들여다보면 몇 가지 해결해야 할 과제를 발견하게 된다.

첫째는, 주제의 단조로움이다. 지속가능한 세상을 이루기 위해서는 먹을거리, 에너지, 동식물 등 환경뿐 아니라 복지, 인권, 문화, 정치, 경제, 세계화 등 다양한 주제와의 접목이 필요하다. 성경에서 예언자들은 단순히 그 시대를 비판하고 저항하고 규탄한 것만이 아니라 하나님 나라라는 대안을 제시했다. 생태적 위기시대를 살아가고 있는 우리들 역시 다양한 측면에서 신앙적 대안을 찾아 생활 속 교육프로그램으로 개발, 시범교회도 운영해봄이 좋을 듯하다. 예장 총회가 안양노회, 영주노회, 전남노회, 광주동노회 이상 4개 노회를 중심으로 실시하고 있는 녹색교회 만들기 사업은 그런 점에서 의미 있는 일이라 할 것이다.

둘째는, 교육 전담자의 부재. 현재 환경교육을 전담하는 인력이 배치된 교회는 거의 없다. 담당자가 있더라도 자주 바뀌어 일회성 이벤트로 기획되는 등 프로그램이 지속되지 못하는 경우가 많다. 이미 감리

교의 경우 중구용산지방회와 일산동지방과 여선교회전국연합회에서, 예장의 경우 총회 환경보전위원회와 강원동노회와 대전노회, 영주노회 등에서, 그리고 기장의 경우 여신도회전국연합회 차원에서 하고 있기는 하지만, 연구소와 더불어 교단 총회 혹은 노회(지방회)가 공동으로 교회학교 교사들을 재교육하거나 지도자를 양성할 수 있는 전문적인 프로그램을 개발, 더 적극적으로 지원할 일이다. 교단적 차원에서 신학교 교육을 통해 환경목회를 기본으로 여기는 목회자들을 배출하는 것도 그리스도인의 지속가능성 실천을 위한 신앙수련을 일상적으로 이끌게 하는 데 큰 도움이 될 것이다.

셋째는, 기독교 환경교육을 이끌 환경교재와 교육 프로그램이 미흡하다. 환경교육은 이론적 지식이 아니라 환경친화적인 태도를 함양하는 것이 중요하다. 교재는 성경공부일지라도 피상적 지식보다는 현장에서의 창조신앙을 깨달아 알게 하는 것이어야 한다. 그리고 영상자료도 다양하게 뒷받침되어야 한다. 아울러 도시교회에서는 교회숲 가꾸기와 도시농사 짓기를, 농촌교회에서는 오리농법 벼농사, 토종닭 키우기, 퇴비 만들기 등과 같은 다양한 실천적 교육프로그램을 개발·확대해 가는 것도 필요하다. 물론 이러한 일은 한 교회가 다 감당하기 힘든 면이 있다. 교회가 지속가능한 마을 만들기의 중심센터가 되어 역할을 다해도 좋겠지만 지역 내 환경교육단체와 연계하는 것도 바람직하다.

아무쪼록 다음 세대와 환경을 살리는 기독교 환경교육이 좀 더 많은 교회들을 통해 실시될 수 있기를 소원한다.

그리고 이러한 교육 후에는 환경위원회를 만들어, 하늘·땅·물·벗의 '지속가능성'을 위한 구체적인 실천으로까지 나아갈 수 있기를 바란다.

그 실천의 첫걸음은 '하늘'을 위한 실천이다. 하늘의 위기는 지구온난화를 초래하는 화석연료를 과소비하는 데 있다. 가능한 한 아껴 써 사용 기간을 최대한 늘리고, 그 사이 화석연료와 원자력에너지를 대신할 에너지를 개발해야 할 일이다. 에너지를 적게 쓰는 것이 가장 큰 에너지 자원이자 오염물질을 최소화하는 길인 만큼, 올 한 해 '에너지 가계부'를 쓸 것을 제안한다. 한 달간 사용한 수도, 전기, 가스, 교통요금 등을 기록하는 것만으로도 온실가스의 발생량을 상당량 줄여 창조질서를 보전할 수 있다. 적극적으로는 교회 지붕에 '하늘로부터 내려오는 성령의 길'이라 비유되는 태양광 전지판을 올리는 꿈을 꾸어보자. 교회 둘레엔 담장을 없애고 마당엔 작은 숲을 조성해봐도 좋을 것이다. 비록 작지만 생명이 숨 쉬고 지역 주민들이 드나들며 친교하기에 부족함이 없을 터이다. 자전거 주차장을 만들어놓아 모두들 자전거를 타고 세상과 교회를 오고 가게 하는 것도 생각해볼 일이다.

둘째는 '땅'을 위한 실천이다. 흙에서 난 사람은 흙에서 난 음식을 먹고 살다가 다시 흙으로 돌아갈 존재다. 그런데 지금 우리는 오염된 땅에서 난 음식을 먹고 살아 몸과 마음은 물론 영혼이 병들었다. 또 더 많은 음식을 쉽게 생산하려고 화학비료와 농약을 사용하므로 땅 속의 유익한 미생물을 다 죽이는 결과를 가져와, 땅은 점점 그 생산능력을 잃어가고 있다. 그나마 땅을 살리느라 애쓰며 생산한 유기농 쌀이 남아돌아 농부들의 한 숨은 커져만 가고 있다. 교회 밥상을 시작으로 교우 한 사람 한 사람의 가정 밥상까지 국내산 유기농 쌀 등으로 생명밥상을 차려 몸은 물론, 땅과 환경, 농민, 농촌을 살리자.

셋째는 '물'을 위한 실천이다. 물은 생명을 살리는 거룩한 힘을 가지고 있다. 우리가 쓰고 있는 물이 어디서 생산되어 어떻게 사용되고 버려지는지 알게 되면, 물을 오염시키거나 대량의 하수를 만들어 물의 순환을 끓는 일은 삼가게 될 것이다. 교회에서부터 물의 순환을 보며, 물을 맑게 하는 EM 세제를 만들어 적극적으로 사용하자.

넷째는 이웃인 '벗'을 위한 실천이다. 우리는 창조의 은총 안에 있으면서도 그 은총을 충분히 누리고 살지 못한다. 교회에서 주말생태교실을 열어 산과 들, 자연을 찾아가 많은 생명을 만나게 돕는다면 비록 회색도시에 살고 있을지라도 우리는 푸른 마음을 품고 자연과 친구가 될 수 있다. 그러면 신음하는 자연과 이웃의 아픔을 함께 느끼며, 그들이 정말로 원하는 게 무엇인지 살펴 도울 수도 있을 것이다. 그동안 이웃과 자연을 배려하지 않고 물품을 구입해왔다면 어떤 것들이 있는지 살피고, 지속가능한 제품, 즉 환경상품으로 바꾸는 일에도 솔선할 것이다. 또 밥 한 그릇의 소중함과 굶주리는 이웃을 생각하면서 남김없이 먹어 나눔을 실천하는 빈 그릇 서약운동에도 힘쓸 것이다.

이상의 실천이 작은 모임으로 시작되어 다음 세대와 환경을 살리는 삶의 모델을 제시하는 녹색교회를 이 땅 가득 세우는 일로 이어지길 빈다. 그러면 이 땅은 하나님이 보시고 다시 한 번 '참 좋다' 하실 만큼 생태적으로 지속가능해질 것이라 믿는다.

너무 뜨거운 지구에
희망을 주는 교회교육

"아파요, 제발 살려주세요"

"아파요, 제발 살려 주세요", 이 소리는 하나님이 만드시고 '참 좋다'고 말씀하셨던 아름다운 초록별 지구가 열병을 앓으며 내는 신음소리다. 그동안 우리가 살면서 공기 중으로 배출한 어마어마한 양의 가스, 그중에서도 특히 화석연료를 태우며 내놓은 이산화탄소 등 온실가스 때문이다. 그로 인해 지구는 조금씩 병들어왔고, 이제는 자신이 품고 있는 생명들을 위해 버틸 기력조차 남지 않은 듯하다.

본래 지구는 우리나 동식물이 살기에 적당한 온도를 유지하도록 창조되었다. 지구는 평균 기온(육지에서의 지표 부근의 기온과 해수 수온의 평균)이 늘 15도로 유지돼왔다. 문제는 온실가스의 농도가 높아지고 대기 중에서 우주 공간으로 나가지 못하게 될 때인데, 그러면 지구 평균 온도는 올라가게 되어 있다.

안타깝게도 기후변화에 관한 정부간협의체(Intergovernmental Panel on Climate Change, 이하 IPCC)에 따르면, 지난 100년 동안 지구 평균 온도가 그로인해 0.6(현재 0.74)도 상승하였다. 1도가 채 안 되는 온도 상승인데, 이것이 가져온 기후체계의 변화는 실로 충격적이다. 세계 곳곳에서 홍수, 폭우, 폭설, 폭염, 슈퍼태풍과 같은 기상재해가 자주 발생하고 있다. 지금처럼 지구의 온도가 계속해서 오르면 2020년의 경우 작게는 4억에서 많게는 17억 명이 '물 부족'에 시달리게 된다. 온도 변화에 민감한 개구리, 뱀, 맹꽁이와 같은 양서 파충류는 멸종하게 되고, 식량부족과 전염병이 창궐하게 된다. 불과 앞으로 11년 뒤에 벌어질 일이다. 또한 지구 평균 해수면은 같은 기간 동안 약 1.8(1.3~2.3) mm/year 상승했다고 한다. 그로 인해 지구 대부분의 해안이 위협을 받고 있으며 투발루, 키리바시, 바누아투, 몰디브 같은 섬들은 사라질 위기에 처해 있다. 만약 이대로 금세기 말을 맞으면 지구 평균 기온은 최대 6.4℃, 해수면은 59Cm 상승하고, 도쿄, 뉴욕, 상하이 등 주요 도시들도 물에 잠길 수 있다는 이야기도 나오고 있다.

아이러니컬하게도 우리는 지구가 이토록 힘들어진 이유를 정확하게 알고 있다. 바로 인간의 활동이 그 원인이다. IPCC는 화석연료에 의존해온 인간의 생활이 지구온난화를 초래했을 가능성은 논란의 여지가 없을 정도로 명백하다(unequivacal)고 말한다. 원인을 알기 때문에 해결책도 명확해지는 듯하다. 하지만 문제는 그리 쉽게 해결될 것 같지 않다. IPCC에 의하면 기후변화로 인한 극단적인 상황을 피하기 위해서는 2020년까지 이산화탄소 배출량이 떨어지기 시작해야 하며, 2050년에는 2000년 배출량의 50~65%가 되어야 한다고 강조한다.

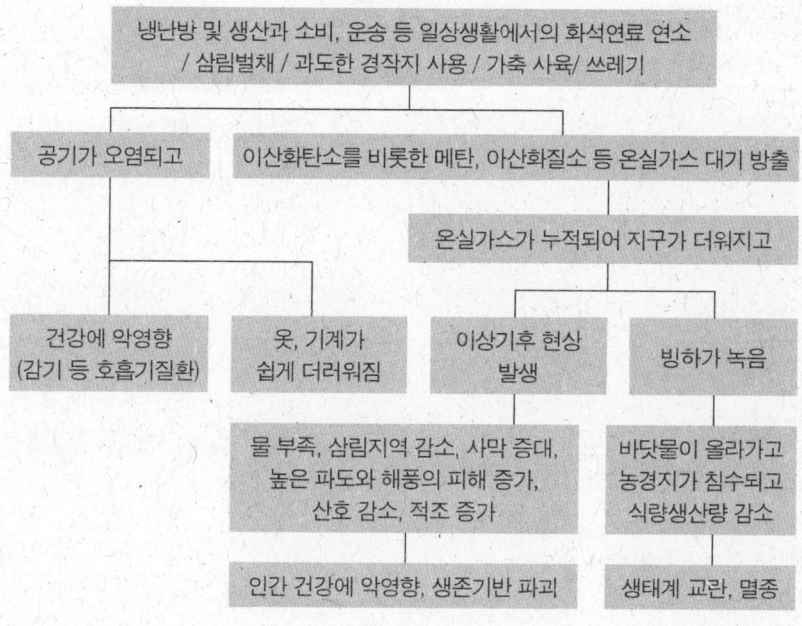

목표로 삼은 기준은 오로지 지구 평균 기온이 산업혁명 이전보다 2도 이상 현재보다 1.4도 이상 상승하지 않도록 하는 것이다. 2030년 온실가스 농도를 현재 수준으로 유지하기 위해서는 세계 인구가 1년에 27억 톤 이상을 배출해서는 안 되며, 1인당 탄소 배출량이 0.33톤(CO_2 중 탄소량, CO_2의 무게를 고려하면 여기에 3.667을 곱해야 함. 우리나라의 1인당 CO_2 배출량은 12.24톤으로 세계 13위임)을 넘어서는 안 된다. 따라서 1인당 2.6톤을 배출하는 영국은 배출량을 87% 감축해야 하고, 3.34톤을 배출하는 우리나라는 90%를 감축해야 한다. 생각보다 우리가 줄여야 할 이산화탄소량이 만만치 않다.

그런데 지금 우리가 사용하고 있는 석유량을 보면, 하루에 215만 배럴이나 된다. 이것이 일주일 치면 서울 상암동 월드컵 경기장을 채울 정도의 많은 양이다. 가장 큰 유조선이 실어 나를 수 있는 원유량이 200만 배럴이니 매일 초대형 유조선이 한 척씩 우리나라로 들어오는 것이고, 유조선이 페르시아만에서 우리나라까지 들어오려면 40일이 걸리니까 페르시아만부터 우리나라까지 초대형 유조선 40대가 길게 떠 있다고 할 수 있겠다.

어쩌면 2007년 12월 아름다웠던 서해 앞바다를 덮친 검은 재앙은 석유 없이는 먹고 쓰고 입지 못하는 '호모 오일리쿠스(Homo Oilicus)'의 삶을 살아가고 있는 우리에게 안타까운 마음으로 보여주시는 하나님의 표적이었을지도 모를 일이다. 행동을 늦게 취하면 취할수록 위험은 더 높아지고 하나님이 손쓰실 기회조차 없어질지도 모르겠다.

하나님이 주시는 햇빛에서 희망을 찾는 이들

다행인 것은 우리가 지금의 문제를 해결해갈 수 있는 방법을 알고 있다는 것이다. 이미 일상생활에서 그 길을 걷고 있는 이들도 있다. 그동안 화석연료에 의존해온 삶을 진지하게 성찰하고, 작은 변화나 의식 있는 행동을 보여주는 이들에게서 우리는 희망을 본다.

특별히 내부에 자연 자원의 재생산기반을 거의 가지고 있지 않은 도시에서 시도되는 햇빛도시 만들기의 꿈은 의미 있는 실험이라 생각된다. 국고 보조금과 자부담으로 설비를 갖춘 제주도 동광마을과 한경마을은 57개 가구가 필요 전력의 90%를 햇빛에서 얻고 있다고 한다. 마을 주민들이 자발적으로 에너지 자립을 표방하고 지역의 다양한 자원을 활용해 에너지를 생산하고 있는 지역도 있다. 전북 부안은 태양광 전지판을 등용리 마중물공동체, 원불교 교당, 부안성당 변산공동체 지붕에 설치해 전기를 생산하고 있는데, 생산된 전기는 전량 한전에 판매하고 있다.

더구나 이러한 움직임 가운데에는 교회들의 모습도 눈에 띈다. 교회들은 하나님이 세상을 창조하시던 첫날 '빛'을 만드신 것을 보고, 생명이 존재하는 데에 있어 가장 기본이 되는 에너지라고 여기며 신앙의 눈으로 에너지 위기를 바라본다. 또 '열병을 앓고 있는 지구가 하나님의 집이며 우리에겐 그 집을 지켜야 할 의무가 있다'고 고백하며, 에너지 위기에 당당히 맞서고 있다. 삶에 필요한 에너지를, 환경에 부담을 주지 않는 햇빛에너지로 충당하고자 노력하고, 에너지 절약의 지혜를 짜내 실천하고 있는 것이다.

우선 그들 교회가 하고 있는 일 가운데, 서서히 그러나 큰 관심을 끌고 있는 것은 '햇빛'에너지로의 전환이다. 햇빛에너지는 교회가 삶의 에너지를 태양과 하늘로부터 얻는다는 신앙적 사실을 상징적으로 표현할 수 있다는 점에서 많은 관심을 받고 있다.

가장 먼저는 부천의 지평교회가 '에너지전환(구 에너지대안센터)'과 함께 '태양광 시민발전소 5호기(3KW)'를 옥상에 설치했다. 생산된 전기는 국가 기준가의 7배나 높은 가격으로 한국전력이 15년 동안 의무 구매하게 되어 있는데,[6] 한 해 동안 250여만 원가량의 햇빛기금을 모아 마을

---

6) 이는 신·재생에너지 발전에 의하여 공급한 전기의 전력 거래가격이 지식경제부 장관이 고시한 기준가격보다 낮은 경우에 그 차액을 지원하는 제도에 따른 것이다. 2001년 10월부터 도입된 제도인데, 민간 차원의 재생가능 에너지 개발을 활성화시키는 역할을 하고 있다. 그런데 2010년 3월 18일 국회 본회의에서 신·재생에너지 의무할당제(RPS)를 규정한 '신에너지 및 재생에너지 개발·이용·보급 촉진법' 개정안이 통과되어 2011년

을 위해 사용하고 있다. 뿐만 아니라 시설이 있는 옥상을 교우는 물론 시민들에게까지 햇빛에너지에 대한 훌륭한 교육장으로 활용하면서 옥상 녹화까지하였다. 다음으로 서울 지역에 있는 청파교회가 교인들의 힘으로 지붕에 햇빛발전소를 세워 이 길을 함께 걸어가게 되었다는 소식도 들린다.

도시 교인(향린교회)들이 에너지를 절약하여 마련한 생활비를 모아 전북 익산에 있는 들녘교회에 햇빛발전소를 세우기도 했다. 유기농산물 직거래를 통해 오랫동안 신뢰감을 형성해온 두 교회는 발전소 건설을 통해 생명을 살리고 평화를 이루는 도농연대 공동체의 한 모델로 자리매김할 수 있으리라 생각한다.

서울 봉천6동에 위치한 광동교회 역시 지역아동공부방으로 사용하는 교육관 지붕에 태양광 전지판을 올렸다. 덕분에 냉난방 등 전기 사용량이 꽤 많은 편이었는데, 그 사용량이 절반이나 줄었다고 한다. 지평교회와 다른 점은, 설치비의 60%를 에너지관리공단 신재생에너지센터가 지원하여 한전 전력계통과 연결된 계통형 시스템을 따른다는 것이다. 낮에 생산된 전기를 자체에서 사용하다가 남으면 전력회사에 소매가로 판매하고 밤에는 다시 전력회사에서 구입해 사용한다. 그래서 여름에 볕이 좋은 날에는 전기 계량기가 거꾸로 돌아가는 경우도 많다고 한다. 예장 총회에서는 이와 같은 방식의 햇빛발전소를 녹색교회 프로젝트를 통해 광주동노회에 속한 추월산, 로뎀, 하남장수교회 지붕에 각각 1기씩 3기나 세웠고 또 자체 생산한 전기로 십자가 불을 켜는 '친환경십자가' 캠페인을 전개하고 있다.

올해 말까지만 유효하게 되었다.

외부의 도움 없이 자가발전으로 에너지를 얻는 이들도 있다. 예장 총회(통합)의 경우 2010년 한국교회백주년기념관 로비 한편에 '자전거 발전기' 두 대를 설치했다. 자전거에 올라가 페달을 돌리면 전기가 생산되는데, 한 대가 생산하는 것은 220V여서 바로 사용할 수 있고, 다른 한 대는 12V여서 축전지(배터리)에 저장했다가 필요할 때마다 인버터로 전환하여 사용하도록 되어 있다. 그들은 인간 동력이라서 그 양은 미미하지만 작은 시도와 실천이 모이면 지나치게 낭비하는 우리의 에너지 습관을 바꾸고 지구의 미래를 밝게 할 것이라 믿고 있다. 그래서 제작 워크숍을 열어 이러한 실천을 확산시켰으며, 고기, 부천제일, 쌍샘자연, 성문밖, 청지기교회엔 1대씩 보급하였다.

지금까지 단순히 에너지 소비자이자 온실가스 배출원에 머물렀던 이들 교회들이, 햇빛발전소를 세워 에너지를 생산하는 만큼 에너지는 절약되고 또 그만큼의 이산화탄소 배출이 줄어들고 있다. 만약 교회들마다 리모델링을 할 때나 예배당을 신축할 때, 이러한 햇빛발전소 시설에다 태양열 온수 및 난방(설치비의 50% 정도 지원)은 물론이거니와 채광이 잘되게 하는 등 설계를 획기적으로 전환하고 빛이 잘 드는 곳에 온실을 만들어 채소도 가꾼다면, 이 땅 가득히 창조의 아름다움과 풍요로움이 눈부신 햇살처럼 다시금 빛날 것이다.

에너지를 적게 쓰는 일이 또 다른 희망을

에너지 위기와 지구온난화에 맞선 교회들의 노력, 두 번째는 '에너지를 적게 쓰는 것'이다. 기독교환경운동연대가 매년 6월 첫 주일인 환경주일을 기해 전국 교회에 제안하고 있는 '하나님 사랑, 에너지 사랑' 캠페인은 그리스도인 한 사람 한 사람으로 하여금 스스로 불편한 삶의 길을 걷도록 하고 있다.

그 내용을 들여다보면, 첫째는, '실내온도를 적정온도로 맞추자'는 운동이다. 대부분의 교회들이 예배 시간에 여름에는 지나치게 낮고 겨울에는 지나치게 높은 온도(25°C 이상)를 유지하는데, 교인들이 여름에는 시원한 옷차림(쿨비즈)에 26~28°C를, 겨울에는 내복(웜비즈)을 입고 20°C 아래로 낮추도록 권장하고 있다. 또 사무실에서도 냉·난방기를 사용할 때는 실내 적정온도를 유지하고, 연속으로 사용할 경우 점심 시간과 퇴근 시간 전에 미리 난방기를 꺼서 남아 있는 온기를 활용하도록 한다(여름철에는 에어컨에만 의존하기보다 선풍기를 같이 활용하고, 적정온도 26~28°C를 늘 유지하도록 한다). 또 교인들에게 교회 이름이 새겨진 온도계를 선물로 주어 각 가정에서도 에너지 절약을 통해 하나님 사랑을 실천하도록 하였다. 사실 겨울에 조금 춥게 지내고, 여름에 조금 덥게 지내는 일, 그것은 개인의 육체적 건강을 위해서만이 아니라 인류의 생태학적 건강에도 커다란 도움이 되는 것이다.

둘째는, 가정과 교회에서 나오는 '생활 속 CO_2 줄이기' 운동이다. 2007년부터 서울 관악구에 있는 신양교회와 부천의 지평교회는 매월 마지막 주일을 '차 없는 주일'로 지키고 있다. 주일마다 빼곡히 들어서던 교회 주차장을 비워두고, 맑은 공기와 함께 맞이하는 주일은 고요한 가운데 몸과 마음을 모을 수 있게 하고 있다. 비록 많은 참여를 이끌어내기는 힘들었지만, 걷거나 자전거를 이용해, 혹은 대중교통을 이용해 교회를 찾는 이들은 조금만 불편하게 지내면 지구는 물론 하나님의 마음까지도 시원하게 할 수 있다는 확신을 갖게 되었다고 한다. 아울러 성문

밖, 약수동, 전농, 좋은만남, 향린 등 많은 교회들이 교인 한 사람 한 사람에게 전기, 가스, 수도, 자동차 주유비 등 생활 구석구석에서 발생시키는 CO_2를 '에너지가계부'에 기록하게 하여 자신이 지구에 얼마나 고통을 안겨주는지 알아 고통받는 생명들을 위해 할 수 있는 일을 하게도 했다.

셋째는, 나무를 심고 가꾸게 하는 '교회를 푸르게' 하는 운동이다. 하나님이 만드신 처음 동산으로서의 숲을 회복하는 것은 이산화탄소를 줄이는 적극적 방법이다. 2000년 이후로 교회 녹화 시범교회에 참여했던 평화의, 성답, 새터, 월곡, 서울성남교회 등은 교회의 담장을 헐고 나무울타리를 만들거나 마당에 작은 동산을 만들어 회색도시에 푸르름을 더하였다. 마당이 없는 교회라면 옥상에 하늘동산을 가꾸거나, 자투리땅을 찾아 나무와 꽃을 심고 텃밭을 가꾸었다. 광동교회는 교회 내부만이 아니라 마을에 방치되어 있는 곳까지도 찾아내어 한 평 공원으로 되살려내고 있는 곳이다. 작은, 고기, 쌍샘, 청지기교회의 경우는 교회 동산을 활용하여 자연학교를 운영함으로 둔감해지고 있는 생태 감수성을 일깨우고 있다.

넷째는 '초록가게'를 통한 자원 재활용 · 재사용 실천운동이다. CO_2보다 더 강력한 온실가스인 메탄가스는 육식 위주의 식생활로 인한 가축 사육에서 발생하기도 하지만 폐기물 매립 처리 과정에서 발생한다. 따라서 재활용이 촉진되면 메탄 발생량도 감소한다. 백석, 은빛, 부천제일, 인천주님의, 하남영락교회 등은 초록가게를 열어 아나바다고(아껴 쓰고, 나눠 쓰고, 바꿔 쓰고, 다시 쓰고, 고쳐 쓰고)의 재활용 · 재사용 문화를 확산시킬 뿐만 아니라 고효율제품이나 환경에 피해를 덜 주는 환경상품의 사용을 확산시키고 있다. 교회 주보를 재생복사용지로, 화장실 화장지를 재생화장지로 바꿀 수 있도록 유도하고, 교회학교 학생들이 사용하는 문구류도 친환경제품으로 바꾸는 실천을 주도하고 있다.

다섯째는, 몸과 마음은 물론 땅을 살리는 생명의 먹을거리로 밥상을 차려 남김없이 먹는 '생명밥상운동'이다. 2002년 이후로 생명밥상운동을 전개하고 있는 교회 중에는 국내산 유기농산물(특히 쌀)을 나누며, 육식을 삼가고 곡채식을 즐기거나 음식쓰레기 배출을 줄임으로써 온실가스 배출량을 줄이고 있다. 특히 최근 기후 붕괴와 공장식 축산에 따른 재앙에 맞선 실천으로 주목하고 있는 것은 채식이다. 축산에서 나오는 온실가스(메탄)가 전 세계 교통수단이 만들어내는 것보다 많은데다, CO_2보다 온실효과가 23배나 강해서이다. 그뿐만 아니라 메탄은 CO_2와 달리 대기 중에 머무는 시간이 1/10도 안 돼 즉각적인 효과도 내기에 교회적으로 주일 밥상이든 평일 중 하루만이라도 채식하는 운동을 펼치고 있다. 한 사람이 한 주에 하루 온전히 채식하면 7명이 숲을 1천여 평 지킬 수 있다는 믿음을 갖고서 말이다.

초록빛 하늘, 희망찬 지구를 위한 교회교육

지금 여러분은 기후변화를 막기 위해, 지구를 지키기 위해, 일상생활 속에서 어떤 실천을 하고 있는지 묻고 싶다. 고통 중에 지구가 신음하는 소리를 듣고 있는가? 어떤 응답을 하고 있나? 혹 기후변화 문제가 심각한 것은 알겠으나 새로운 기술이나 제도, 시스템에 의해 문제가 해결되기만을 기다리고 있나? 아니 어떤 실천이 필요한지는 알겠지만, '내 삶이 불편해지는 건 싫은데' 하고 주저하고 있지는 않은가? 열병을 앓고 있는 지구에게 어떤 도움을 주고 계신지 묻는 질문에 주저 없이, 당당하게, 막힘없이 답변할 수 있는 그리스도인이 날마다 조금씩 늘어난다면, 회색빛 하늘이 초록빛을 되찾고 절망에 빠진 지구가 희망을 노래할 수 있을 텐데……. 이 땅의 교회들이 저마다 그런 그리스도인들을 양육하기 위해 애쓴다면 그리 어려운 일도 아닐 테지만.

그렇다면, 교회가 온난화로 인해 황폐해지고 있는 지구를 위해 기후변화에 관한 교육을 한다면 무엇을 어떻게 교육해야 할까? 우선은 기후변화가 일어나고 있는 사실을 알려주어야겠다. 예전엔 기후변화라는 사실을 입증하는 것만으로도 많은 시간을 허비하였지만, 지금은 IPCC에 의해 분명히 입증된 사실인 만큼, 그로 인한 현상과 피해들, 또 왜 일어나는지에 대한 메커니즘에 대해 교육함이 더 필요하다. 이것은 기후변화를 막기 위한 자신만의 생활 속 행동을 정하게 하는 결정적 요인이 되어줄 것이다.

물론 이때 중요한 것은, 벼랑 끝에 몰린 지구의 위기적 상황을 충격적으로 전하거나, 생활수칙을 의무적으로 지키게 해서는 곤란하다. 그보다는 일상생활에서 소비하는 에너지가 기후변화와 어떻게 연결되는지를 인식하게 하는 것이 더 효과적이다. 그 과정에서 기후변화로 인해 재난에 노출된 사회경제적 약자는 물론, 자신을 둘러싸고 있는 작은 생명 하나까지도 민감하게 느끼며, 그의 필요를 배려할 줄 알게 된다면 더없이 좋은 일이다. 들의 백합화와 공중에 나는 새를 보는 것, 개구리가 연못 속에 뛰어드는 소리를 듣는 일. 하나님이 만드시고 선물로 주신 생명에 대한 감수성이 되살아나면, 그 생명의 궁핍함과 고통에 눈이 뜨일 것이고 그들이 필요로 하는 것을 자연스럽게 배려하게 되는 것은 물론이다.

〈기후변화 교육 유형〉
- 영상 보기 : (영화) 불편한 진실, 투마로우, 11번째 시간, (다큐) 0.6도 의 재앙, 재앙1, 2, 3부, 호모 오일리쿠스 1, 2, 3부, 지식채널e- 투발루
- 강의 : 지구온난화와 CO_2 다이어트 등
- 놀이 : 기후변화 퀴즈 대회, 에너지보드게임, 난파선 게임
- 체험 : 솔라카 혹은 솔라셀 장난감, 소형 풍력발전기, 솔라쿠커, 인간 동력 자전거(전구 켜기 및 라디오 작동하기)
- 견학 : 교회 햇빛발전소, 에너지전환 등 에너지 관련 단체, 에너지 자립 마을, 전기의 일생 투어(발전소, 송전탑, 전력거래소, 배전소 등)
- 캠페인 : 기후변화 방지 캠페인, 캔들나이트(candle night)운동
- 캠프 : 기후변화와 재생가능에너지학교
- 실천교육 프로그램 :
  ① 탄소발자국 계산기
  자신이 배출한 이산화탄소량을 알게 해주는 다양한 사이트가 있다. 사이트마다 포함하는 범위나 강조점이 달라 산출되는 값에 차이가 나는데, 교육목적에 가장 부합하는 사이트를 찾아 쓰면 된다. 단, 입고 있는 옷이라든지 먹는 음식이라든지, 공동공간에서의 에너지 사용과 같이 일상적 소비로 배출되는 것은 포함되어 있지 않음을 아는 것도 중요하다.
  - 생활 속 CO_2 계산(환경부 기후변화 홍보포털) www.gihoo.or.kr/portal/index.jsp
  - 자전거로 CO_2 다이어트 캠페인 www.co2diet.or.kr
  - 국립산림과학원, 탄소나무 계산기 tree.kfri.go.kr/kor/for-

est/carbonC.html
- 녹색연합, 탄소발자국 계산기 safeclimate.greenkorea.org
  /co2/calculator_01.php
- 환경재단, CO_2 Zero 탄소계산기 www.co2zero.kr/
- 영국 정부가 제공하는 Act on CO_2 계산기 actonco2.direct.
  gov.uk/index.html

② 탄소중립 프로그램

자신이 배출한 온실가스에 대해 자발적으로 탄소중립 목표를 설정하고, 기부 등을 통해 제로화하도록 하는 운동. 국립산림과학원이 제시한 바에 의하면, 우리나라의 경우 2006년을 기준으로 가정과 교통부문에서 1인당 평균 2.63톤의 이산화탄소가 발생하니, 이를 상쇄하려면 약 3,000m^2(축구장 절반 크기)의 면적에 어린 소나무 947본을 심어야 한다. 국내는 물론 북한, 몽골 등 사막화지역에 나무심기운동에 적극 참여해야 하는 이유가 여기 있다.

　이들 교육은 교육의 대상과 목적을 고려하여 선택적으로 진행하되, 어떤 교육이든지 신앙 안에서 새로운 비전을 갖도록 하는 것이 필수적이라 할 수 있다. 늑대와 어린 양이 함께 노니는 성서의 비전(사 65:17-25)을 지니고 있어야만, 지구온난화로 인해 인류와 지구의 미래가 망가질 것을 두려워하기보다 주저 없이, 당당하게 실천하며 절망에 빠진 지구를 위해 희망의 노래를 불러줄 수 있을 것이다.

생활 속 행동을 넘어서서, 뜨거운 지구에 희망을

〈온실가스 줄이는 생활 속 행동〉
① 실내온도를 적정하게 유지합니다.
② 승용차 사용을 줄이고 대중교통을 이용합니다.
③ 친환경제품을 구입합니다.
④ 물을 아껴 씁니다.
⑤ 쓰레기를 줄이고 재활용합니다.
⑥ 올바른 운전습관을 유지합니다.
⑦ 전기제품을 올바르게 사용하여 에너지를 절약합니다.
⑧ 나무를 심고 가꿉니다.[7]

희망을 주는 교육은 생활 속에서 온실가스를 줄이는 행동을 넘어서 삶 자체를 바꾸는 교육이어야 한다. 이미 배출된 CO_2만으로도 지구온난화는 지속될 것이기 때문이다. 또 그렇기에 자연재난 교육이라든지, 기온 상승에 따른 현상들, 예컨대 전염병과 같은 질병, 먹을거리, 식생 변화에 따른 주변 환경에의 '적응'교육도 필요하다. 하지만 이들 교육도 삶을 바로 바꿔내지 못하긴 마찬가지이다. 바뀌더라도 오래지 않아 되돌아가기 십상이다.

여기에 교회교육이 도전해야 할 과제가 있다. 지금 지구가 처한 상황은 위기이기 이전에, 그리스도인 한 사람 한 사람의 생각을 바꾸고 행동

---

[7] 이상의 실천에 대한 근거와 방법은 환경부 홈페이지 www.me.go.kr/webdata/inform/CO2_down.wmv에서 동영상으로 보거나 다운받을 수 있다.

을 돌이켜 하나님을 향하게 하는, 생태적 회심의 기회로 삼아야 한다는 것이다. 창조주 하나님이 아닌 화석연료에 전적으로 의존해온 이전의 삶을 참회하고, 병든 지구를 치유하는 길이 열려 있음에도 지금도 그 길을 걷지 않았음을 철저히 회개한 후라면, 생활 속의 작은 행동들은 온난화를 막기 위한 단순한 실천을 넘어 첫 창조 후 '참 좋다' 하셨던 하나님의 감격을 날마다 재현해내는 일이 가능할 것이다.

온난화로 점점 황폐해지는 지구 가운데 서 있지만, 모든 생명에게 필요한 빛을 골고루 그리고 충분하게 비추는 하나님의 태양이 지금도 빛나고 있기에, 오늘도 그 속에서 창조주 하나님의 사랑을 느끼며 희망의 미래를 꿈꾼다.

생명을 살리는 물 사랑 교육

물이 곧 생명

사람들은 날마다 물의 유혹을 받으며 즐긴다. 물은 우리 몸의 70%인데, 그런 몸 상태를 유지하기 위해서라도 하루에 약 2~3리터의 물을 마신다. 몸은 물을 공급해주지 않으면 탈수상태에 빠져 장애를 일으키며 여러 날 마시지 않으면 생명을 잃는다.

먹지 않더라도 우리는 물과의 접촉을 좋아한다. 손바닥을 흘러내리는 물로 얼굴을 적실 때의 감촉이 좋고, 샤워할 때 머리와 어깨로 흘러내리는 물은 흐뭇한 느낌을 준다. 물속에 몸을 담그면 그것 이상으로 편한 게 없다. 잔잔한 호수를 바라보며 명상에 잠긴다든지, 파도소리에 취하기도 한다. 삭막한 도시에서는 분수대에서 내뿜는 물줄기만 보더라도 마음이 시원해진다.

이러한 물에 대한 갈망은 물이 곧 생명의 근원이기 때문에 생기는 것이다. 사람의 몸은 70%, 어류는 80%, 그 밖에 물속의 미생물은 약 95%가 물이다. 물은 모든 생명에 힘이 되어주며, 하늘과 땅 사이를 끊임없이 순환한다. 공기 속의 물은 태양에서 지구로 들어오는 엄청난 양의 빛과 열을 적당히 차단하여 지구의 생명체를 보호한다. 또 금세 빠져나가지 않게 막는 등 기후도 좌우한다. 비와 눈이 되어 땅에 떨어진 물은 땅 속으로 들어가거나 강을 따라 바다로 흘러간다. 또 육지나 바다의 물은 다시 증발하여 구름이 된다. 이때 증발한 물의 양은 다시 비나 눈으로 채워지는데, 이러한 순환이 공기와 토양, 숲과 바다로 이어지는 지구 생태계를 온전하게 유지한다.

물이 흐르고 순환하는 마을

물의 도시, 생수마을을 다녀온 적이 있다. 일본 최대 호수 비와호 유역에 있는 '하리에' 마을인데, 마을 구석구석 작은 실개천이 흐른다. 같은 수원지에서 나온 물이 170가구 107개의 우물과 연결되어 있고, 우물에는 송어 등의 물고기가 살면서 물을 정화한다. 집 안의 물은 식수로 쓰고 남은 물로 빨래와 설거지를 한 후 내보내는데, 옆집으로 흐르는 물은 여전히 물고기가 노닐 만큼 깨끗하다. 같은 수원지의 물〔川〕이 집집〔端〕마다 연결되어 있어 온 마을이 우물을 함께 보호해야 한다는 '가바타〔川端〕' 전통을 잘 지켰기에 가능한 일이다. 이들 모두는 수원지를 거룩한 곳으로 여기고 늘 한 마음으로 물을 귀하게 사용한다. 어느 한 곳만 더럽혀져도 땅 밑 12m에 있는 수원지가 오염될 수 있음을 누구보다도 그곳에 살고 있는 이들은 잘 알고 있다.

지금 살고 있는 마을 한 가운데를 흐르는 물을 상상해보자. 도랑 수준의 작은 수로일지라도 물풀이 무성한 가운데 맑은 물이 흘러가고 그 속에 가재와 새우가 살 수만 있다면…… 그곳의 물은 쉬지 않고 제 모습을 바꿔가면서 땅과 하늘 사이를 오가며 수많은 생명체들이 편안한 삶을 살도록 도울 것이다.

사실 사람들은 아주 오랜 옛날부터 물가에 기대어 삶을 일구어왔다. 어느 나라, 어느 문명 할 것 없이 강을 중심으로 발전되어왔다. 사람은 물론 동물이나 식물 그리고 그 어떤 작은 미생물도 물 없이는 생명활동을 유지할 수 없어서였다. 물론 이것은 오늘날도 마찬가지다. 전 세계적으로 300여 개가 넘는 강이 두 국가 이상에 걸쳐 흐르고 있고, 그 유역에 있는 약 50여 개 국에 전체 인구의 40%가 모여 살고 있다.

인류가 직면한 물의 위기

그런 강을, 왜 사람들은 파괴하면서까지 문명의 발달에 열중하는 걸까? 우리가 살고 있는 지구의 대부분이 물로 이루어져있기 때문일까? 70%가 물이니 넉넉하다고 생각해서일까? 하지만 그 물의 대부분, 즉 97%는 우리가 마실 수 없는 바닷물이다. 나머지 중에서도 우리가 쓸 수 있는 물은 그리 많지 않다. 육지에 있는 물 가운데 2%는 남극과 북극의 빙산과 빙하로 되어 있고, 실제 우리 사람들이 이용할 수 있는 물은 전체의 약 1%도 안 된다. 호수, 강, 시냇물과 우리가 지하수라고 부르는 땅속에 있는 물로 먹기도 하고, 샤워도 하고, 공장을 돌리기도 해야 한다.

안타까운 건, 이 물이 많이 오염되었고, 또 모든 지역에 골고루 있지 않다는 것이다. 개도국의 경우 하수도의 90%, 산업폐기물의 70% 정도가 처리되지 않은 채 배출되어 물을 오염시키고 있다. 그 결과는 그 속에서 살아가고 있는 이들에게 부메랑이 되어 지금도 나타나고 있다. 1950년대 일본에서 수은으로 오염된 생선을 섭취해서 생긴 '미나마따병'만 하더라도 지금도 반복되고 있다. 캐나다 온타리오 주, 인도네시아 자카르타 만, 필리핀 민다나오 금광, 타이 차오프라야 강, 인도 카르 강 등이 모두 수은 중독과 관련된 사건이 발생한 곳이다. 특히 급격한 개발도상의 단계를 거치고 있는 중국은 1970년대 백두산에서 발원하여 아무르 강과 합류해 오호츠크 해로 흘러드는 송화 강이 수은에 오염되어 70여 명의 주민 피해가 발생한 바 있다. 중국의 강과 하천, 호수의 70% 이상이 오염된 상태며 그중 30%가량은 물고기조차 살 수 없다고 한다.

물론 물이 넉넉한 지역이 있기도 하다. 하지만, 먹을 물조차 모자라는 곳도 훨씬 더 많다. 유엔 보고에 따르면, 2007년 전 세계적으로 11억 명의 인구가 깨끗한 식수를 공급받지 못했고, 어린이 1,800만 명이 더러운 물로 인한 전염병으로 사망했다고 한다. 이는 전쟁이나 에이즈로 인한 사망자 수보다 훨씬 더 많은 숫자다. 지구온난화가 계속된다면 사막이 점점 넓어지고 담수 공급량이 3분의 1로 줄어들어, 앞으로 2025년이면 전 인류의 절반가량인 30억 명 이상이 '물 부족'에 고통받을 것이라고 보고되고 있다.

생활 속의 물 사용

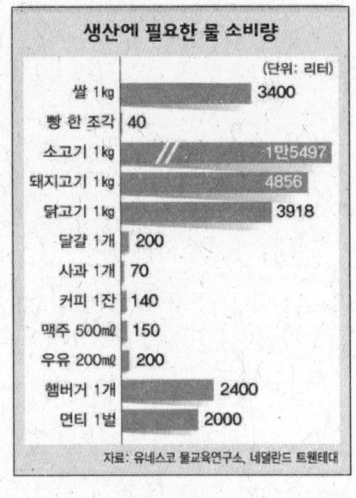

상황이 이런데도 우리는 물을 절약하는 데 있어서 아직 한참 부족하다. 1인당 하루 평균 물소비량이 395 l 이다 (2003년 기준). 우리보다 선진국인 영국 323 l, 일본 357 l, 프랑스 281 l 보다 많고, 독일(146 l)보다는 무려 2.7배나 된다. 수자원공사가 25% 이상의 물이 쓸데없이 버려지는 것이라고 발표하는 걸 보면 우리가 얼마나 물을 낭비하고 있는지 알 수 있다.

문제는 우리가 사용하는 물이 이것으로 끝나지 않는다는 것이다. 일반적인 소비를 통해 간접적으로 소비되는 물까지 포함하면 그 양은 훨씬 더 커진다. 유네스코가 지난 해 발표한 연간 1인당 물소비량, 즉 '물발자국 지수'를 보면 약 1,179m^3(약 1200만 l)로 국제규격 수영장의 절반을 가득 채울 수 있는 양이다.

물 오염과 낭비는 왜?

본래 우리나라는 금수강산이라고 불릴 정도로 풍성한 물을 허락받은 땅이었다. 그러던 것이 지금은 물 부족을 우려하게 되고 말았는데, 이는 축복받은 물을 쓰면서도 귀하고 고맙게 여기지 않고 살아온 결과다.

물이 스스로 깨끗해지는 자정능력을 갖고 있긴 하지만, 그 한계를 알아 잘 사용해야 했는데 그러지 못했다. 일상생활에서 무심코 버리는 의약품 등의 유해쓰레기와 음식쓰레기 등의 생활쓰레기, 그리고 생활하수, 산업폐수, 축산폐수, 심지어는 공기 중에 있던 오염물질까지 너무 많은 오염물질이 흘러들면 물도 생명이 아닌 파괴와 죽음을 줄 수 있다는 걸 몰랐다. 그리고 무엇보다 필요 이상으로 물을 낭비했고 수돗물 값이 너무 싸서인지 한 번 쓴 물을 다시 한 번 허드렛물로 쓸 수 있는데도 불구하고(중수도) 그렇게 하지 않았다.

혹 '물이 공기와 땅, 강, 바다를 오가며 순환을 계속하는데 어째서 물 부족을 걱정해야 하는가' 하고 생각하는 이가 있을지도 모르겠다. 하지만 기상이변으로 그 순환이 지구 전체에 골고루 미치지 않고 있다. 인구 증가와 각종 개발, 환경오염으로 인한 식수오염이 점점 심각해지고 있다.

그리고 공기 중으로 간 물을 다시 채워주는 빗물이 콘크리트와 건물 등으로 인해 땅속으로 스며들지 못하고 있는 것도 큰 문제다. 우리나라의 경우 빗물 전체의 47%가 그대로 유실되고 있다는 보고다. 62년 9%이었던 것이 5배나 커진데다가, 빗물 활용률도 저조하다. 빗물을 최대로 가두고 머금고 이용한다면 도시의 사막화도 막고 개발 이전의 자연의 모습을 회복할 수도 있을 텐데……. 물 부족에 대한 책임을 느끼고 받은 복을 누리는 기쁨을 회복하려면 어떻게 해야 할까?

물 사랑 생활실천

물을 오염시키거나 낭비하는 것은 그리스도의 지체인 우리 몸을 더럽히고 하나님의 창조세상을 파괴하는 일이다. 이제라도 세상 만물, 특히 생명의 물을 지으시고 우리에게 맡기신 하나님께 감사하고, 받은바 청지기의 소임을 제대로 감당하지 못한 죄를 고백하고 할 일을 하자. 그 일의 출발점을 다음 열다섯 가지 '물 사랑 수칙'으로 하면 어떨까 싶다. 우리의 작은 실천이 하나님이 주신 생태계를 유지하는 데 있어 가장 소중한 자원인 물을 살리며, 망가진 축복을 되찾아줄 것이다.

1. 물을 아껴 쓰자
① 세면, 설거지하는 동안 물은 받아쓰자.
② 한번 사용한 물을 청소, 변기용수 등으로 다시 사용하자.
③ 가급적 손빨래하고, 세탁기 사용 시 빨래를 모아서 하자.
④ 수세식 변기에 사용되는 물을 절약하자(절수기 이용 등).
⑤ 세탁, 샤워, 머리감기 횟수를 줄이자.

2. 물 오염을 줄이자
① 합성세제 대신 천연세제(특히 EM 발효액)를 쓰자.
② 폐식용유와 쌀뜨물로 재생비누를 만들어 사용하자.
③ 음식을 남기지 말고 찌꺼기를 줄이자.
④ 농약과 화학비료의 사용을 줄이자.
⑤ 화장실용, 주방용 화학약품 사용을 줄이자.

3. 물을 사랑하자
    ① 하나님이 지으신 물을 아끼는 마음을 갖자.
    ② 쓰레기와 오물을 하천, 바다에 버리지 말자.
    ③ 근처의 샛강을 보호하고 물을 되살리는 운동을 전개하자.
    ④ 지하수의 이용을 절제하고 오염을 줄이자.
    ⑤ 중수도 설치 확산, 수돗물 누수방지, 수돗물 값 현실화를 실현하도록 정부에 건의하자.

생활 속 EM 활용

"천국은 마치 여자가 가루 서 말 속에 갖다 넣어 전부 부풀게 한 누룩과 같으니라."(마 13:33)

누룩은 밀가루를 부풀리어 빵으로 변화시키는 작은 미생물이다. 주님께서 하나님 나라가 누룩과 같다고 하신 이유는 누룩에 담긴 생명을 변화시키는 힘 때문일 것이다.

요즘 일상생활에서 EM(Effective Micro-organisms)이라 불리는 80여 가지의 미생물로 물을 정화할 뿐 아니라 악취제거, 식품의 산화방지, 음식쓰레기 발효 등에 이용하는 이들이 늘고 있다. 자연이 죽음(부패)이 아닌 생명(발효)의 길을 걷게 돕는 것인데, 우리도 그들처럼 '천국이 지극히 작은 미생물인 누룩과 같다'고 하신 말씀에 의지해 작은 일에 충성해보자. 그 활용방법은 다음과 같다.

- **EM 발효액 만들어 쓰기**
    - 준비물 : PET병 1.5~2l, 깔때기, 쌀뜨물, 당밀, EM 원액
    - 1.5l 페트병에 원액 20cc(뚜껑으로 4-5개)와 당밀 20cc(뚜껑 4-5개)를 넣는다. (당밀이 없으면 대신 흑설탕(2큰술)과 천연소금(10g)을 함께 넣으면 된다.)
    - 쌀뜨물(신선한 것)을 페트병에 80% 정도 차도록 넣는다.
    - 여름엔 1주일, 겨울엔 10일 정도 지나면 냄새가 시큼하고 향긋하게 되어 완성된다.
    - 설거지, 악취제거, 청소, 세탁, 목욕은 물론 음식쓰레기 발효, 농사 재배 시 사용한다.

- **EM 비누 만들어 쓰기**
    - 고무나 플라스틱 용기에 EM 쌀뜨물 발효액 1l와 수산화나트륨 500g을 넣는다.
    - 폐유 3.3l를 넣고 거품기를 이용하여 한쪽 방향으로 점성이 생길 때까지 젓는다.
    - 우유팩에 덜어 담은 후, 말랑말랑해지면 우유팩에서 꺼내 쓰기 편한 크기로 자른다.
    - 상온에서 더 굳히되, 바로 쓰지 말고, 한 달 정도 더 건조시켜 사용한다.

- **EM 흙공으로 맑은 물 가꾸기**
    - 양질의 흙(60Kg)+EM발효제(6Kg)+쌀뜨물발효액(적당량-약 10l)
    - 재료를 혼합해 주먹 크기의 흙공을 만들어 1주일간 상온에서 발효시킨다.

> - 흰곰팡이가 피고 단단히 굳어 있으면 완성・정화하고자 하는 하천이
> 나 연못 등에 1m²당 한 개의 흙공을 던진다(1년간 유효).
> (구입문의: 흙살림(다용도미생물, 080-333-8179), EM환경센터 064-
> 739-0892, 이엠코리아 063-220-2776)

생명을 살리는 거룩한 힘을 지닌 물

성서에 보면, 태초에 하늘과 땅이 지어지기 전에 물 위를 하나님의 기운이 휘돌고 있었다(창 1:2)는 말씀이 나온다. 물은 생명이자 태초의 힘과 관계가 있다는 암시라 할 수 있겠다. 또 성전에서 흘러나오는 물이 강이 되어 사해의 물을 단물로 바꾸고 강이 흘러들어가는 곳이면 어디든 생명이 넘치고 깨끗해진다는 이야기도 나온다(겔 48:9). 물이 '생명의 힘을 가진 거룩한 것'이라는 이야기일 것이다.

이를 생각하면, 우리 교회 안에도 일정 공간을 마련하여 물의 공간을 만들면 좋겠다는 생각이 든다. 마당 한쪽에 연못을 조성하여 상징성을 두거나, 교회 입구에서 예배당으로 진입하는 길에 자연스럽게 물 공간을 두어 성도들뿐 아니라 지역 주민들이 접할 수 있게 하면 어떨까? 그러면 예배당에 들어서기 전 성도들은 자신의 몸과 마음이 정화되는 느낌을 가질지도 모른다. 아니 '내가 주는 물을 마시면 영원히 살리라'고 하신 주님이 주시는 물을 마신다는 것에 진심으로 감사하고, 그것을 소중히 여기고 돌볼 줄 아는 선한 청지기로 거듭날 수 있을지도 모른다.

물론 그런 공간이 없어도, 물은 일상적으로 우리의 몸을 정화하는 일을 하고 있다. 피부를 청결하게 해주어, 축적되는 기름, 땀, 독소, 때

등이 배출되는 것을 원활하게 해주고 있다. 또 냇물이 흐르는 소리나 부드러운 파도 소리는 몸 속 혈액이 흐르는 맥박 소리와 같아서인지 언제 들어도 우리에게 평화와 안정을 가져다준다. 물을 좀 더 알아갈 수 있는 시간을 갖는다면……

■ 물 알아가기

- **영상 보기** : 위대한 강(프레데릭 벡), SBS '물은 생명이다' 시리즈
- **관련 행사** : 물의날(3월 22일) 기념 / 물 퀴즈대회, 물 사랑 글짓기 대회, 강 그리기 대회, 물 관련 사진전, EM 비누 만들기(쌀뜨물, 폐식용유 재활용), 물 연주회(물의 양이 다른 페트병 악기 연주), 주제토론 ('물의 모양이 변해요', '사람들은 물을 어디에 사용할까' 등)
- **모니터링** : 계곡과 마을 근처 하천에서 떠온 물의 용존산소량 측정, 혹은 수서생물 확인(1급수-지표생물(가재나 옆새우, 도래류), 지표어종(쉬리))
- **시설견학** : 물의 일생(취수장 → 정수장(약품투입실, 혼화지, 응집지, 침전공정, 소독공정, 정수지, 제어실) → 배수지 → 가정의 수도꼭지 → 하수처리장(물재생센터)), 수자원생태공원/ 빗물정화시설
- **하천탐사** : 물을 따라 걸으며 수질과 자연생태, 주변 환경기초시설, 그리고 문화를 둘러본다. 지역의 상인, 농민, 공장CEO, 환경운동가, 개발업자, 관계공무원 등 가상인물의 역할을 맡아 탐사 내내 문제점과 대안을 찾으면 더 유익하다.
- **캠페인**
  ① 교회 마당 혹은 옥상에 생태연못이 있는 정원 만들기 운동(빗물 활용 및 텃밭가꾸기 포함)

② 샛강 살리기 운동(마을에 있는 하천을 깨끗이 청소하고 콘크리트를 걷어내 물고기가 살던 예전 모습으로 되돌리는 운동)
③ 도심 속의 생태놀이터, 습지보전 활동(먹이사슬의 가장 밑바닥을 이루는 기초생태계를 떠받들어 생태계 전체를 건강하게 유지하게 하는 소중한 공간인 습지를 보전하는 운동)

또 한번의 봉사로, 맑고 푸른 물을

2007년 12월 7일. 만리포 북서쪽 10킬로미터 지점에서 사상 최악의 기름유출 사고가 일어났다. 초기 대응이 늦어진 데다 강한 북서풍이 불어와 서해 바다가 검은 기름으로 덮였고, 수많은 바다생물들과 새들이 기름더미에 묻혀 영문도 모른 채 죽어갔다.

그런데 이 끔찍한 재앙을 물리치기 위해 가장 빨리 적극적으로 나선 것은 정부도 지자체도 아니었다. 전국 각지에서 매일같이 몰려간 자원봉사자들이었다. 그들로 인해 1년이 지난 지금 우리 눈에 보이는 기름은 사라졌다. 보이지 않는 곳에 스며들어간 기름과 그 기름에 파묻혀 죽어가는 생명체들, 기름을 없애는 과정에서 죽어간 생명들이 있긴 하지만, 그래도 지금 서해엔 다시 생명이 되살아나고 있다. 푸른 파도가 넘실거리고 있다.

현장으로 달려가 검은 기름을 닦았던 130여만 명의 봉사자. 그리고 그들과 마음을 함께 모았던 수많은 이들이 일상생활 속에서 물에 대한 사랑의 씨앗을 뿌려 싹을 틔우고 열매를 맺는다면……. 우리가 먹고, 보고, 만지는 이 물이 하나님의 몸이요, 그리스도의 지체인 우리의 몸임을 깨달아 소중히 다루고 수원지를 살리는 일에 힘쓴다면, 하나님께서는 우리에게 다시 한 번 맑고 푸른 물을 풍성히 허락하실 것이다.

몸과 맘, 땅을 살리는
생명밥상 교육

우리 몸은 피와 살과 뼈로 구성되어 있다. 그 피와 살과 뼈는 우리들이 섭취하는 공기와 물, 그리고 음식으로 만들어진다. 그러니 공기, 물, 음식은 모두 하나님이 자연을 통해 베푸시는 밥이라 할 수 있다.

밥상을 차리면서 반복하는 죄

땅(자연)에서 얻는 음식은, 태어나 처음 먹게 되는 엄마 젖부터 노년의 식사에 이르기까지, 늘 풍성했다. 그런데 요즘 밥상을 보면 그렇지 못하다. 음식이 홍수처럼 넘쳐나지만 땅에서 난 진정한 먹을거리는 찾아보기 힘들다. 때론 찾지도 않은 채 에덴동산에서 저질렀던 죄를 반복한다.

'먹음직도 하고 보암직도 한' 것만을 고른다. 주신 그대로 자연에서 온 것이 아닌 한 번 이상 가공된 것을 골라, 밥상에 올리는 것이 더 익숙하다.

가공식품은 식품이라기보다는 차라리 화학약품이라고 하는 것이 옳다. 간편한 것, 빠른 것, 맛있는 것, 부드러운 것, 달콤한 것, 오래 먹을 수 있는 것, 보기에 아름다운 것을 찾는 이들을 만족시키려 하다 보니 무려 500여 종에 달하는 방부제, 발색제, 인공색소, 인공조미료 등의 화학첨가물이 들어간다. 더구나 복합적으로 들어간 화학첨가물은 서로 상승작용을 일으켜 더 유해를 가한다. 이들 물질들은 식품위생법에 따라 반드시 물품 뒤에 표기하도록 되어 있지만 눈에 잘 띄지 않을 뿐 아니라 우리 스스로 그 위험성을 간과하기 일쑤다.

밥상에 올라오는 채소는 철 없이 유통되다보니 햇빛과 땅의 기운을 듬뿍 받지 못하고 바람결도 느끼지 못한 채 키워진데다 농약과 화학비료 범벅이다. 육류 역시 더 이상 자연 속에서 그들의 본연의 먹이를 먹고 자라난 고기가 아니다. 밀집된 축사, 계사에서 첨가물이 많이 든 사료를 먹고 자라 영양도 빈약하고 독성물질의 농도가 높은 육류들이다. 사육시설에서 고도의 스트레스를 받아 공격형의 저항호르몬이 가득하다. 또 생선 역시 양식된 것들이어서 항생물질이나 항균제가 투여된 것이기 쉽고, 자연산일지라도 바다오염으로 중금속과 환경호르몬의 오염에서 자유롭지 못한 것들이다.

그런데다 대부분 수입된 것들이다. 지금 우리나라 식량자급률이 26.9%고, 그나마 쌀을 빼면 5%에 불과하니, 밥상에 오르는 것 대부분이 '수입산'이라는 말이 된다. 그것도 중국산. 배추, 파, 마늘의 경우는 수입량의 거의 100%가, 고추, 양파, 당근 등은 95% 이상이 중국에서 수입된다고 한다. 거기다 칠레에서 온 포도, 필리핀에서 온 바나나, 미국에서 들어온 밀에 쇠고기까지……. 그러다보니 우리나라 식품의 이동거리는 국민 1인당 약 6천Km, 그만큼 에너지소비도 커지고 이산화탄소 배출도 많아진다.

그런데다 맛과 눈요기를 위해 곡식을 도정하고 정제하고 표백까지 서슴지 않고 한다. 단지 흰쌀밥이 보기에도 좋고 입에서도 술술 넘어간다는 이유로 도정하고 또 도정하여 씨눈의 영양까지도 모두 버린다. 또 먹기 불편하다는 이유 하나로 충분히 씹을 수 있는 거리를 제공하여 치아와 침샘의 발달을 돕고, 위장의 기능이 무리하지 않고 일하게 해주고, 영양의 흡수 속도를 우리 몸이 처리할 수 있는 속도에 맞추어주고, 빠르게 노폐물을 배설하게 해 장을 깨끗하게 해주는 섬유질까지 제거하고 있다.

그나마 집에서 정성껏 차린 음식은 낫다. 사먹는 음식의 경우는 문제가 더 심각하다. 원료 자체의 문제 이외에도 여러 가지 문제가 있다. 대량 구입해서 값이 싸 보일 뿐 식당 임대료에다 내부 치장 값, 이윤까지 모두 소비자 몫이 되어 오히려 비싸다. 남은 음식은 고스란히 쓰레기통에 버려진다. 입맛을 동일하게 통일시킨 패스트푸드는 한 끼의 식사로 이용하기엔 영양이 부족하고, 간식으로 할 경우는 과잉 열량이 되어 영양의 불균형을 가져온다. 단 몇 분 동안 사용하고 버려지는 패스트푸드점의 일회용품 또한 그 양이 심각하다. 또 음식 재료나 요리가 담겨지는 그릇은 대개 멜라민 용기인데, 독성물질이 음식에 배어 나온다. 설거지할 때 남는 합성세제도 그대로 입으로 들어간다. 합성세제의 독성은 수세미로 네 번 이상 잘 헹구어야 그릇에 남지 않는다고 하니 대중음식점에서 깨끗한 용기를 내기란 어려운 일이다. 맛을 내기 위해 사용하는 화학조미료가 먹는 이의 건강을 해친다는 것은 누구나 다 아는 사실이다.

그런데도 젊은 세대들은 패스트푸드점이나 패밀리레스토랑을 즐겨 찾고, 그곳에서 먹는 서양 음식을 통해 자신의 삶이 업그레이드된 것인 양 삶의 여유를 즐긴다. 돌, 회갑, 생일, 졸업, 입학 등 기쁜 날마저도 식당에서 손님을 맞고, 예를 갖추어 대해야 할 웃어른까지도 음식점에서 모시는 것이 이젠 예삿일이다. 또 소문난 맛 집, 맛있는 음식을 찾아다니는 고비용의 미식여행도 불사한다.

풍성하게 주신 복을 제대로 누리려면

그러고 보면 우리가 받은 복(창 1:29)을 충분히 누리지 못하고 있는 것도, 우리의 잘못된 먹을거리 선택에서 비롯된 것 같다.

지금의 환경위기를 보자. 대부분의 사람들이 지구온난화의 원인으로 화석연료를 주목하지만 실은 전 세계 온실가스의 18%가 축산업에서 발생한다. 이산화탄소 수치로 봐도 가축이 자동차, 항공기, 열차, 선박 등 모든 교통수단(13.5%)보다 많다. 그런데다 이산화탄소보다 21배나 더 강력한 지구온난화의 영향력을 갖는 메탄의 37%나 되는 양이 축산업에서 나온다. 이런 축산업을 통해 나온 고기를 밥상에 계속 올리는 한, 지구 온도는 더 올라갈 것이다. 지금도 거대한 북극의 빙하가 급속도로 녹아가고 있으니 남태평양의 섬들이 물에 잠기는 것은 시간문제일 것이다. 예전에는 듣도 보도 못했던 변종 질병들도 세계 곳곳에서 무섭게 창궐하고 있으니…….

우리라고 그런 위기의 예외일 수 있을까. 그렇지 않다. 이미 위협은 우리 가까이에 와 있다. 조류독감과 광우병과 같은 전염병, 거기다 중국산 멜라민 유제품과 같은 식품오염에 식량폭등의 상황을 고려하면, 생명을 위해 먹어야 할 먹을거리가 오히려 생명을 위협하고 있음을 쉽게 알 수 있다. 심한 경우는 생명을 앗아가기까지 하고 있다. 우리가 우리에게 복 주신 하나님의 생명의 질서를 깨고 다른 동물과 지구 환경에 가한 행동이 부메랑이 되어 우리에게 돌아오고 있는 것이다.

이는 몸의 건강을 살피면 더 분명해진다. 요즘 고혈압, 당뇨, 심혈관계 질환 등 이전 시대에 없었던 생활습관질병을 많이 앓는데, 이는 말 그대로 잘못된 식생활 때문이다. 미 상원 영양특별위원회는 이미 1970년대에 '미국인의 질병이 너무 잘 먹어서 생긴 것'이라고 하였다. 우리의 밥상도 지난 30년간 빠른 속도로 서구화되면서, 전에 없던 아토피나 알레르기성 비염과 천식, 당뇨와 고지혈증, 각종 암을 앓는 이들이 증가하고 있기는 마찬가지다.

문제는 여기서 끝나지 않는다. 미래를 살아갈 아이들의 몸까지도 깊이 병들고 있다. 아이들은 2명 중 1명이 제왕절개로 태어나, 10명 중 9명이 엄마 젖을 먹지 못하고 소젖을 먹고 자라고, 조금 더 자라서는 패스트푸드와 인스턴트식품을 먹는다. 그 결과로 소아비만, 소아당뇨, 아토피피부염 등 각종 질환에 시달리고 있다. 그리고 그로 인해 마음과 정신까지 병들고 있다. 육류와 설탕 등 산성식품에 길들여지다 보니 매우 공격적이고 산만해질 뿐 아니라 정서불안, 신경증, 스트레스 등 정신적 질환을 앓는 아이들이 급격히 증가하고 있다.

이제라도 내 밥상에서 뺄 것[8]이 있다면 무엇이고 더할 것[9]이 있다면 무엇이 있는지 생각해보자. 6일 동안의 식생활을 바꾸기엔 부족하겠지만, 주일 공동식사와 교회학교 간식은 어떤가? 별반 다르지 않을 것이라는 생각이 든다.

천하보다 귀한, 한 생명이 먹는 밥임에도 불구하고 너무 무관심해왔다는 생각이 들면 회개하자. 그저 받은 은혜라 생각하고 감사는커녕 소홀히 여겨왔다면 반성하고 다시 시작하자. 지식은 잘못되었으면 바로 잡으면 되고, 옷은 바꾸면 되지만, 밥은 생명이 달린 문제라 수정하기가 무척 어렵다. 뒤늦게 수정하려고 해봐야 시간도 많이 걸리고 대가도 톡톡히 치러야 한다. 건강을 아예 잃거나 평생 병든 몸으로 괴롭게 살아가게 될지도 모를 일이다.

지금이라도 교회가 나서서 성경 말씀에 나오는 밥에 대한 지혜를 일깨우고, 생명의 밥상을 차려 먹여보자. 6일 동안 잘못 길들여진 입맛, 산성화된 체질을 주일 한 날로 바꾼다는 건 어려운 일이라고 엄살을 부릴 것이 아니라, 생명의 양식, 건강한 음식을 차근차근 나누어가자. 주일 하루만이라도 생명의 양식으로 몸과 마음을 치유받는다면, 생명의 기운을 부여받아 힘 있게 6일 동안의 삶을 살아갈 수 있을 것이다.

우선 교회학교에서부터 고단백, 고지방, 백설탕으로 산성화되고 유해물질로 오염된 아이들의 몸과 마음을 치유하기 위해 애쓰자. 주일 교회학교 간식만큼이라도 철따라 자연에서 나오는 먹을거리를 먹이며 교육해보자. 어릴 때의 먹을거리와 식습관은 몸과 마음을 치유할 뿐

---

8) 더할 것(먹을수록 건강해지는 음식) - 현미잡곡밥, 콩류식품, 채소류, 해조류, 견과류
9) 뺄 것(안 먹을수록 건강해지는 음식)
  - 흰쌀밥, 흰 밀가루, 흰 설탕, 흰 소금, 흰 조미료⋯⋯ 5白식품
  - 육류, 계란, 우유, 식용유, 인스턴트가공식품, 청량음료수
  - 식품첨가물(방부·살균·발색·산화방지제, 합성보존료, 산미료, 합성착색료, 표백제)
  - 항생제, 농약, 제초제, 성장촉진제, GMO

아니라 일생 동안의 식습관과 건강에 영향을 미칠 것이다. 그리고 그 영향은 가정과 사회로까지 영향을 미칠 것이다. 그런 교회들이 생겨나길 기대하며, 몇 가지 방법을 제시해보면 다음과 같다.

생명밥상교육은 이렇게

- **영상 보기** : 지식채널(쌀, 햄버거커넥션, 사라진 씨앗), TV방영물(잘 먹고 잘 사는 법 1~3부, 밥 한공기, 과자의 공포 우리 아이가 위험하다, 고기랩소디 등), 기독교환경운동연대 제작물(생명의 쌀, 생명의 간식)
- **식품안전교육** : 식품첨가물 색소실험, 음식물 당도측정 실험, 과자 속 유해성분 찾기, 나의 미각 테스트, 음식지도 만들기, 식품이동거리(Food Mile) 측정
- **생활영성수련** : 밥에 대한 성서의 지혜 구하기, 밥에 담긴 세상의 정성과 하나님의 은혜 명상, 자신 돌아보고 회개기도(음식선택 기준, 체질량 지수 측정, 내 몸이 필요로 하는 음식)
- **기타** : 환경퀴즈 OX대회, 밥 노래 부르기(밥먹는 자식에게), 식사기도문 쓰기, 관련도서 읽고 토의(잘 먹고 잘 사는 법, 밥상을 다시 차리자, 소박한 밥상, 희망의 밥상 등)
- **실천프로그램**
  ① 도시(교회)텃밭운동 : 옥상이나 콘크리트 앞마당과 골목에 상자로 살아 있는 텃밭을 꾸미거나, 인근 지역에 있는 친환경 주말농장에 참여하여 자신의 먹을거리를 직접 생산해본다.
  ② 생명밥상 빈 그릇 서약운동 : 교회적 차원에서 예배 때 '생명의 밥을 남김없이 먹겠다'는 서약식을 진행한 후, 교회 주방에 포스터 혹은 현수막을 걸어놓고 매주 배출되는 음식물쓰레기량을 측

정, 배출량을 최소화한다. 또한 최소로 발생된 음식물쓰레기는 지렁이 화분이나 EM 발효액을 통해 퇴비화할 수 있도록 한다.
③ 생명의 쌀 나눔 운동 : '도시 교인은 농촌 교인의 생활을, 농촌 교인은 도시 교인의 건강을' 책임지겠다는 마음으로 도시 농촌교회가 '생명의 쌀 나눔' 협약을 체결하고 교회 밥상을 비롯한 교인 가정의 밥상까지 국내산 유기농 쌀로 바꾸어간다.
④ 지구를 위한 생명밥상운동 : 교감하는 먹을거리운동 : 육식을 줄이고 채식을 주로 한 밥상 차리기, 에너지를 덜 쓰는 '가까운 먹을거리'로 밥상 차리기, 생산과 소비 확산을 위해 도시와 농촌교회가 자매결연 맺고 농산물 직거래하기
⑤ 생명의 간식 먹이기 운동 : 교회학교에서 먹을거리 교육을 실시한 후 '유해식품(사탕, 과자, 탄산음료, 햄버거와 피자 등 인스턴트식품)안 먹이기 운동'이나, 간식교사를 두고 아이들 입맛에서 멀어지고 있는 자연식과 전통음식으로 만든 '생명의 간식을 먹이기 운동'을 전개한다. 깨끗하고 생산자를 확인할 수 있는 재료를 구해 함께 음식을 만들어 먹는 것도 좋다.
⑥ 생산지 견학 프로그램 : 성도들은 물론이고 교회학교 아이들과도 생산지를 견학하면 생산자와 소비자 사이의 신뢰감이 돈독해질 것이다. 추수 때에는 방문했던 농촌교회 교우들이 와서 농민시장을 열게 해주어도 좋다.

밥에 대한 성구들

"내가 온 지면의 씨 맺는 모든 채소와 씨가진 열매 맺는 모든 나무를 너희에게 주노니 너희의 먹을거리가 되리라."(창 1:29)

"모든 산 동물은 너희의 먹을 것이 될지라. 채소같이 내가 이것을 다 너희에게 주노라. 그러나 고기를 그 생명 되는 피째 먹지 말 것이니라."(창 9:3-4)

"각 사람은 먹을 만큼만 이것을 거둘지니 …… 아무든지 아침까지 그것을 남겨두지 말라 하였으나, 그들이 모세에게 순종하지 아니하고 더러는 아침까지 두었더니 벌레가 생기고 냄새가 난지라"(출 16:16-20)

"오늘 우리에게 일용할 양식을 주시옵고"(마 6:11)

"나는 하늘에서 내려온 살아 있는 떡이니 사람이 이 떡을 먹으면 영생하리라 내가 줄 떡은 곧 세상의 생명을 위한 내 살이니라 하시니라."(요 6:51)

"너희가 하나님의 성전인 것과 하나님의 성령이 너희 안에 계시는 것을 알지 못하느냐. 누구든지 하나님의 성전을 더럽히면 하나님이 그 사람을 멸하시리라 하나님의 성전은 거룩하니 너희도 그러하니라."(고전 3:16-17)

"그들이 배부른 후에 예수께서 제자들에게 이르시되 남은 조각을 거두고 버리는 것이 없게 하라 하시므로 이에 거두니 보리떡 다섯 개로 먹고 남은 조각이 열두 바구니에 찼더라."(요 6:12-13)

거룩한 성전인 몸을 위한 밥상

일찍이 바울은 우리의 몸이 하나님의 거룩한 성전이라고 하였다(고후 3:16-17). 그러니 밥상을 차리고 먹는 일만큼 거룩한 일도 없다. 천하보다 귀한 한 생명을 살리는 일이요, 하나님의 영이 깃들어 있는 거룩한 성전인 몸을 살리는 일인데, 밥상을 차리고 먹는 일보다 더 귀한 일이 어디 있겠는가?

사실 전통 유대교에서는 무엇을 먹고 무엇을 먹지 않을지가 매우 중요한 문제였다. 하지만 지금의 기독교에 와서는 이에 대한 관심이 줄어—식탐만을 7대 죄악 중 하나로 여기면서—과식을 피하는 것만이 윤리의 주된 대상이 되고 있다.

그리스도인이라면 과연 무엇을 또 어떻게 먹어야 할까? 우선은 깨끗하고 안전한 음식을 먹어야 할 것이다. 중요한 건 가장 신선하고 최고 품질의 자연 그대로의 음식, 즉 건강한 흙에서 난 것, 사철이 아니라 제철에 난 것, 근거리 곧 지역에서 난 국내산 먹을거리여야 한다는 것이다. 덧붙이면 인공속도가 아닌 자연의 속도로 생산된 것, 정성과 사랑으로 난 것, 정당한 대가를 지불한 것을 살피는 것도 필요하다.

물론 이상적인 것은 곡물과 야채를 직접 재배해 먹는 것이다. 주말농장이나 작은 텃밭일지라도 할 수만 있다면 하나님이 철 따라 주시는 풍성한 음식을 즐길 수 있다. 제철음식을 먹으면 영양분도 많고, 건강에도 유익하다. 해동 무렵의 봄에는 쑥, 냉이, 달래가 나고, 조금 있으면 죽순이 돋아난다. 이들 봄에 나는 나물은 양기를 듬뿍 가지고 있어 겨우내 움츠렸던 몸이 활기를 찾고 춘곤증을 극복하는 데 도움을 준다. 양파, 호박, 오이 같은 여름 야채와 수박과 같은 과일은 찬 성질을 가지고 있어서 우리 몸을 식혀준다. 가을에 난 곡식과 과일은 더운 기운을 갖고 있어서 겨울을 나는 데 적합하다. 이들 계절식은 무엇보다 싸게 맛있는 것을 먹을 수 있게 하니 좋다. 그리고 무엇보다 하나님의 창조에 순응하며 살 수 있는 길이기도 하다.

문제는 도시인의 경우 대부분 필요한 음식물을 구입해 먹을 수밖에 없다는 것이다. 이럴 때는 다소 비싸더라도 국내산, 유기농산물을 구해 먹는 것이 좋다. 신토불이라는 말과 같이 제 고장에서 난 음식을 먹는 것이 몸에 좋다. 가까운 곳에 생활협동조합이나 유기농산물 직거래단체가 있는지 살펴보자. 그 곳을 찾아 이용하면 큰 비용 부담 없이 생명을 살리는 음식을 얻을 수 있다. 아니 도시교회라면 농촌교회와 자매결연하여 유기농 농산물을 직접 거래해서 먹는 것도 좋을 것이다. 그것은 날로 피폐해가는 우리 농촌과 농업을 살리는 지름길이자 하나님이 처음에 주신 풍성한 먹을거리를 되찾는 길이기도 하다.

그렇게만 된다면 남겨 버리는 '음식 쓰레기'도 사라질 것이다. 일 년에 15조원이나 되는 양이 버려지고 있는데, 이는 연간 수입하는 식량의 1.5배나 되는 액수로, 국민 한 사람으로 환산하면 일 년에 31만 원씩, 하루에 1천 원씩 버리고 있는 셈이다. 1천 원이면 북한 어린이들이 일주일을 식사할 수 있고, 에티오피아 어린이들은 2주일을 먹을 수 있다. 만약 우리가 음식을 거룩히 여기게 된다면 남겨 버리는 일은 없을 텐데……. 소중한 것이니만큼 날마다 필요를 알아차리게 될 것이고(마 6:11), 그러면 우리의 몸은 물론 굶주리고 있는 이웃도, 신음하고 있는 이 땅도 함께 돌보고 살릴 수 있을 것이다.

생명밥상수칙

• 몸에 좋고 지구에 좋은 것은 철따라 주어진다.

1. 국내산, 유기농산물을 애용한다.
2. 제철음식을 먹는다.
3. 가공식품을 삼간다.
4. 외식을 최대한 줄인다.

- 깨끗하고 단순한 밥상은 주님을 기쁘게 한다.

  5. 계획 구매하여 오래 보관하지 않는다.
  6. 단순하게 조리하여 먹을 만큼 담아낸다.
  7. 반찬수를 줄여 간소한 상을 차린다.
  8. 육식보다 곡식과 채소를 즐긴다.

- 감사하는 마음으로 먹으면 오병이어의 기적이 일어난다.

  9. 생명 주심에 감사하며, 천천히 먹는다.
  10. 신음하는 이웃을 생각하며 소식하다.
  11. 남기지 않고 그릇을 깨끗이 비운다.
  12. 최소한으로 배출된 음식쓰레기는 재활용한다.

몸과 맘, 땅을 살리는 생명밥상

이제 밥상을 차릴 땐 통곡식, 즉 현미잡곡밥에 그 지역에서 난 제철음식으로 먹을 수 있을 만큼만 올리자. 그리고 밥상을 대할 땐 먼저 올라온 음식을 바라보자. "제대로 씹을 수 있는 음식들인가", "올라온 음식의 냄새, 색깔, 모양, 소리, 맛 그리고 어울림은 어떤가" 느껴보자. 그러고 나서 이렇게 기도하자. "한 방울의 물에도 하나님의 은혜가 스며 있고, 한 톨의 곡식에도 만인의 땀이 담겨 있습니다. 살아 있는 밥으로 오셔서 우리를 살리신 주님을 본받아 우리도 이 밥 먹고, 밥이 되어 이웃을 살리는 삶을 살겠습니다. 아멘" 하고.

그리고 밥을 먹을 땐, 밥상을 차려준 하나님의 은혜와 세상의 정성과 나의 몸에 대한 고마움으로 먹자. 천천히 씹으며, '이 먹을거리가 어디서 왔을까', '내 입으로 들어간 먹을거리들이 결국은 어디로 갈까', '나는 이 음식을 먹을 만하게 정성껏 살았는가', '나도 이 밥과 살아 있는 밥으로 오신 주님처럼 이웃을 살리는 삶을 살아야지' 하는 마음으로 공손히 먹자. 그러면 우리의 생명과 삶이 하나님으로부터 비롯함을 깨닫고 그분 앞에서 더욱 겸허해지는 기쁨을 얻을 수 있을 것이다. 그리고 진심으로 감사하게 되어 우리의 삶이 더욱 온전해질 것이다.

생명에 대한 폭력이 난무하는 세상에 당신의 생명을 먹이로 내어주셨던 주님(요 6:51)을 내 안에 모시고, 나도 세상의 밥이 되어 살기 위해 마음을 모은다. 자연 그대로의 먹을거리를 밥상 가득 올림으로 자연을 만날 수 있기를 희망한다.

그리고 밥을 통해, 창조주 하나님을 더욱 경외하며, 한 생명, 한 우주, 한 천지, 한 바람 속에서 사는 기쁨을 맘껏 누릴 수 있기를 빈다. 2002년부터 생명밥상운동(cafe.daum.net/lifetable, 02-711-8905)을 벌이고 있는 기독교환경운동연대 생명밥상위원회가 좋은 길벗이 되어줄 것이다.

05

진정한 풍요를 위한
푸른 금식 교육

하늘과 땅과 바다, 그 속에 살고 있는 크고 작은 생명체들 어느 것도 하나님의 손길이 닿지 않은 것이 없다. 그 모든 만물을 지으신 하나님께서는 보시고 '좋다'고 말씀하셨다.

그 자연을 가만히 들여다보면, 자연과 인간이 한 피조물이며 모두가 연결되어 있음을 보게 된다. 나무 싹 하나, 새알 하나도 함부로 대하지 않고 소중히 여기면 나무가 무성해지고, 벌레나 새들은 거기 깃들어 모두 함께 기뻐한다. 모든 생명들이 창조 안에서 제 기능을 다 하며 서로 의지하며 살고 있어서이다.

하나님은 그들이 늘 균형 위에 있게 하셨고 또 서로서로 필요를 채우게 하셨다. 살아 있는 흙 주변엔 다양한 동물과 벌레들이 산다. 거기엔 거미와 무당벌레와 사마귀 같이 사람들에게 도움을 주는 익충만이 아니라 해충도 서로 어울리며 먹이사슬을 형성한다. 불과 몇 십 년 전까지만 해도 그랬다. 자연 속에서 공기와 물과 먹을거리 등을 다 얻고 살아도 필요한 만큼, 즉 일용할 양식만 취하였기에 늘 부족함이 없었다.

씨앗까지 먹어버리는 농부

옛말에 '농부는 굶어 죽어도 씨앗은 먹지 않는다'는 말이 있다. 우리 삶을 보면 어쩌면 우리가 씨앗마저도 먹어버리는 농부일지 모르겠다는 생각이 든다. 자신의 욕망을 채우기 위해 이웃은 물론 다음 세대들의 몫까지 과도한 소비하고 있으니 말이다.

'생존하고 번성하기 위해서' 지구상에서 필요한 것을 빼어 쓰는 것은 지극히 당연하겠으나, 필요가 아닌 풍요와 편리를 위한 욕망에 의한 것이라면 문제가 다르다. 이미 우리는 필요를 넘어 욕망에 의한 끝없는 소비를 일삼고 있다. 저마다 필요 이상으로 자연에서 취하고 있고 쓰고 버리는 것이 자연이 수용할 수 있는 범위를 넘어섰다. 통계를 보면 1961년만 하더라도 우리가 살고 있는 지구 수용능력의 70%로 살았는데, 1999년 들어서부터는 120%를 넘어섰다.

오랫동안 유지되어오던 자연의 균형은 깨졌고 수많은 생명이 사라져 갔다. 지금 이 순간에도 소리 없이 사라지는 생물종들이 있다. 녹아내리는 얼음 때문에 북극곰과 철새는 서식지를 구하지 못하고, 사막화 현상으로 생태계가 급변하고 있다. 해수면의 수온 상승은 바다거북이로 하여금 새끼를 암컷으로만 낳게 하는 위기에 처하게 하고 있다. 이것이 멸종의 징후라면 이미 사라진 것들도 수두룩하다.

국제자연보호연맹(IUCN)이 발표한 지구상에서 '멸종 위기에 처한 동식물 목록'(Red List)을 보면, 최근 50년간 800여 종이 넘는 동식물이 멸종했다. 전체 포유류의 4분의 1, 조류의 8분의 1, 파충류의 4분의 1, 양서류의 5분의 1, 어류의 30%에 달하는 1만 6천여 종이 머지않아 멸종할 위기에 처해 있다. 주로 지속가능성을 염두에 두지 않은 무리한 개발과 산림 훼손에 따른 서식지 축소, 상업적 남획, 온난화로 인한 먹이사슬 파괴와 신종 질병의 확산, 홍수와 가뭄 같은 기상이변, 모두 과도한 욕심이 낳은 결과들이다.

너무 많은 수요, 충분치 않은 지구

상황이 이럴진대, 우리는 과연 우리의 필요를 계속해서 지구에서 채울 수 있을까? 먹는 것과 입는 것, 사는 집과 일하는 공간, 일과 여가를 위한 모든 것을 말이다.

먹을 것을 얻고 있는 농경지만 보더라도 그것은 불가능한 일이다. 지난 30년간 전 세계 농경지 면적은 15억ha에 머물러 있다. 러시아나 남아메리카에서 새로운 농지가 더해가고 있긴 하지만, 아시아와 유럽 대부분에서는 줄거나 산업개발 용도로 점점 더 많은 땅이 유실되고 있다는 보고다. 중국에서는 10년 사이에 경작되던 농경지 8백만ha가 사라져버렸고, 우리나라도 해마다 여의도 면적의 30여 배인 1만 3,000ha가 개발과 건설로 인해 줄어들고 있다고 한다.

받은 은혜로, 땅을 통해 먹을거리를 풍성히 얻는 것은 당연한 일이었는데, 이제는 불가능해질 수도 있는 상황으로 가고 있다. 아직은 제대로 분배하면 그래도 견딜 만하다고 하는 이가 있긴 한데, 문제는 우리를 비롯한 수많은 사람들이 전통적 생활방식과 식습관을 바꾸고 있다는 것이다. 더 이상 쌀 등 곡채식 위주로 된 식단에 만족하지 않고, 육식 위주의 식생활을 하는 이들이 급속히 늘어나고 있다. 육류에 대한 소비가 늘면 늘수록 먹을거리를 얻지 못하는 이들도 늘 수밖에 없는데 문제가 아닐 수 없다. 육류 생산은 많은 양의 곡물 사료를 필요로 하는데, 소를 키우는 농부는 소고기 1Kg을 생산하기 위해서 곡물사료 7Kg을 필요로 하고, 돼지를 키우는 농부는 돼지고기 1Kg을 생산하기 위해서 곡물사료 3Kg을 필요로 한다. 22명이 먹을 수 있는 곡물이, 소로 키워 먹으면 한 사람의 한 끼 식사밖에 되지 않는 게 육식이 자아내는 불평등함이고 보면 우리의 필요를 무엇으로 채워야 하는지 다시 생각해볼 일이다.

 지구상에서 매일 소비하는 자원과 배출하는 쓰레기를 처리하기 위해 사용하는 토지와 물의 양을 계산한 '생태발자국 지수'로 보면, 그 불평등함과 지구의 지속 불가능함은 더 분명해진다. 지구가 지속가능하려면 한 사람이 1.8ha 미만으로 살아야 하는데, 미국 사람은 평균적으로 9.7ha, 영국 사람은 5.3ha, 일본 사람은 4.5ha를 소비하고 있다. 우리나라 사람 역시 4.05ha이어서 하나뿐인 지구를 2.25개나 소비하고 있다는 계산이 나온다. 모든 사람이 동일하게 지구 자원을 누리지 못하고 있고, 지구의 재생능력을 크게 벗어나 살아가고 있다고 볼 수 있다.

소비가 주는 풍요와 편리함의 대가

그런데도 우리는 날마다 무엇인가를 사서 쓰고 버린다. 먹을 것, 입을 것, 탈 것, 살 곳은 물론 과시하기 위한 물건까지 소비하면서 마냥 행복감에 젖는다.

삶을 지탱하기 위해, 필요를 채우는 소비라면 행복의 필수조건이라고 할 수 있겠지만, 욕망을 채우며 느끼는 한 사람의 행복은 오히려 지구상의 다른 사람들과 살아 있는 생명들의 행복을 빼앗기 마련이다. 화석연료를 기반으로 하고, 자동차가 중심이 되며, 일회용품의 사용이 일상화된 우리의 삶은, 생활수준은 높일 수 있을지 몰라도 지구로 하여금 심각한 곤경에 처하게 하고 있다. 사라져가는 숲, 눈앞에 다가오는 물과 경작지의 부족, 지구온난화의 위협, 생물다양성의 감소, 세계 빈곤의 증가 등.

실은 우리 삶도 가만히 들여다보면, 물질적으로는 풍요로운 듯하지만 마음은 갈수록 공허하고 빈곤해지고 있다. 더없이 편안한 생활을 하고 있는 것 같지만, 그로 인해 행복한가 하는 질문에는 선뜻 답하기 어렵다.

냉난방 완비에다 사시사철 먹을 수 있는 채소며 과일은 우리에게서 계절감을 빼앗아갔고, '더 빨리'를 외치며 속도감을 즐기다보니 길가에 핀 꽃은 물론 지저귀는 새소리조차 들을 만한 마음의 여유조차 없다. 숨 돌릴 틈 없이 누군가에 의해 혹은 일에 의해 쫓겨 살다보니 때론 삶의 목적과 방향을 놓치기 일쑤다. 자신이 먹고 입고 쓰는 것이 어디서, 언제, 어떻게 만들어진 것이지 제대로 안다는 건 무리다. 더욱이 안타까운 건, 지금처럼 다른 생명의 필요를 배려하지 않는다면 우리 자신과 다음 세대의 생명과 생존의 근본적 토대가 무너질 수 있다는 것이다.

우리의 욕구가 과연 진정한 필요에서 나온 것인지 진지하게 묻자. 자신의 욕구가 끊임없이 이윤을 좇는 이에 의해서 부추겨진 것이라면,

올라오는 욕구를 살며시 누르고 진정 필요한 것인지 묻자. 모두가 더불어 누릴 수 있는 진정한 풍요를 위해서.

그러는 동안 자신의 행복이 누군가의 돌이킬 수 없는 희생에 근거한 것이고, 자신의 소비로 인해 공기와 물과 땅이 오염되어 회복되기 어려워지고 여러 동식물이 멸종 위기에 처하게 된 것을 알게 된다면, 다음 세대가 최소한의 필요조차도 채울 수 없는 상황이 올 수 있다는 것을 알게 된다면, 누구나 지금과는 다른 삶을 살게 될 것이다. 자전거로 출퇴근하고, 외식 대신 도시락을 가지고 다니고, 엘리베이터나 자판기를 안 쓰고, 제철음식을 골라 먹고, 텃밭농사를 짓고, 나아가서는 돈 없이도 품앗이 활동을 통해 서로의 필요를 채워가게 될 것이다. 비록 지금 누리는 것을 얻기까지 겪었던 고통보다 더 큰 고통을 겪어야 할지라도, 조금 덜 소비하면 모두가 누릴 수 있고 지구도 그만큼 더 지속가능할 것임을 알기에……

진정한 풍요를 위한 즐거운 불편, '푸른 금식'

우리 그리스도인들은 해마다 봄이면 사순 절기를 맞는데 그때마다 일정 기간 금식함으로 몸은 물론 마음과 생각까지 하나님께 집중한다. 하지만 지구 위기의 시대인 만큼 먹는 것을 줄이는 것만으로는 부족한 감이 있다. 우리가 누리고 있는 것 가운데 세상을 창조하신 하나님의 형상을 일그러뜨리는 것과, 행복의 필수 요건인 지구와 지구상에서 살아가는 벗들을 해하는 것이 있다면 어느 것이든 삼가는 생활로 나아가야 할 것이다.

평소 아무 생각 없이 사용하던 물건을 찾아 깊이 묵상하고 그 사용을 삼가는 것은 어떨까? 당장은 불편하겠지만, 대신 몸을 움직이니 그것이 오히려 우리에게 건강한 행복을 가져다줄 것이다.

우선 '리모컨 금식'을 제안해본다. 텔레비전, 라디오, 오디오 등의 리모컨을 내려놓는 순간 둔해져만 가는 몸은 움직이게 될 것이고, 항상 대기 상태에 있느라고 소모하는 전력도 줄일 수 있다. 전원을 껐는데도 보이는 작고 붉은 불빛이 바로 리모컨의 신호를 기다리고 있다는 표시이다. 사용하지 않을 때만이라도 전원을 완전히 차단하면 집안 전기 소비량의 10%까지 줄일 수 있다고 하니.

'종이 금식'도 좋다. 종이 소비가 해마다 3%씩 늘고, 한 사람이 연간 176Kg을 쓰는데, 이는 나무 3그루에 해당하고 A4용지 12박스에 해당하는 양이다. '한 주일 A4용지 복사량(장수)×52주÷1만장'이란 수식에 대입시키면, 자신이 섬기고 있는 교회가 한 해 동안 베어낸 나무 수를 알 수 있다. 주보만 볼 경우 전체 기독인 수가 1천만 명 정도이니 한 주일에 A4용지가 최소 1천만 장, 일 년이면 5억 2천만 장, 5억 2천 그루의 나무가 베어진다고 할 수 있다. 만약 그 주보를 천연펄프가 아닌 재생지로 바꿀 수 있다면(A4용지 1박스, 1만장≒58kg≒원목 1그루), 한 주일에 사용되는 1천만 장에 해당하는 나무, 최대 1천 그루까지 지켜낼 수 있을 것이다. 물론 재생지일지라도 불필요한 복사를 줄이고, 복사할 때는 양면복사를 기본으로 한다면 '창조의 숲'을 '지키고 돌볼' 뿐 아니라 나무에 숨겨진 하나님의 비밀을 발견하는 기쁨도 얻을 수 있을 것이다.

편리하지만 자연과 인류에 큰 위해를 가하는 '비닐 금식'도 해봄 직하다. 해마다 150억~200억 장 사이로 사용되는 비닐봉투는 대부분 매립장으로 가 1,000년 동안 묻혀 있거나 일부는 땅이나 바다에서 나뒹굴다 동물들의 생명을 해칠 테니 말이다.

'아무것도 사지 않는 금식'은 어떨까? 먹고, 자고, 일하고 움직이는 모든 부분을 돈으로 해결하다가 일정 기간 아무것도 사지 않는다면, 그 자체로 의미가 클 것이다. 우리의 넘치는 소비가 지구를 파괴하고 있지는 않은지, 우리 세대에 모든 자원을 다 써버리고 다음 세대들이 사용할 권리를 뺏고 있는 것은 아닌지, 소비와 환경에 대해 저절로 생각하는 계기가 될 것이니 말이다.

그리고 무엇보다 '자동차 금식'을 권하고 싶다. 자동차는 집 앞에서 집 앞까지 데려다주고 일상생활을 기동성 있게 하여 우리의 의식주 등 모든 생활을 변화시켜놓았다. 계절감 없이 옷을 입거나 외식을 즐기고 있고, 또 직장과 집이 거리가 멀다면 더욱 이 금식을 해볼 일이다. 자신이 누리고 있는 편리함이 어떤 문제를 야기하고 있는지, 또 지구에 어떠한 재앙을 초래하고 있는지 살피게 할 것이고, 또 평소 볼 수 없었던 것들을 새롭게 발견하는 기쁨도 누릴 수 있을 테니 말이다.

지난 해 말부터 올 봄까지 계속되었던 구제역 사태를 생각하면 '고기 금식'도 적극 권하고 싶다. 축산에서 나오는 온실가스(메탄)는 전 세계 교통수단이 만들어내는 것보다 많은데다, CO_2보다 온실효과가 23배나 강하기 때문이다. 그리고 축산업을 위해 이산화탄소의 흡수원인 열대림이 불태워져 5만 종의 생물이 매년 사라지고 있기 때문이다. 그리고 무엇보다 메탄은 CO_2와 달리 대기 중에 머무는 시간이 1/10도 안 돼 즉각적인 효과를 낼 수 있다. 일주일에 하루 온전히 채식하는 '미트 프리 먼데이'(Meat Free Monday) 운동에 귀 기울여보자. '고기 없는 주일'도 좋다. 한 사람의 완전 채식이 매년 1인당 1,224평의 나무를 살리니까, 7명의 그리스도인이 한 주에 하루 완전 채식을 해볼 일이다.

내친 김에 세계교회와 함께 사순절 기간 동안 기도하며 '탄소금식'(Carbon Fast) 운동을 펼침으로써 지구를 식히고 하나님을 기쁘시게 하는 삶을 살아도 좋을 것이다. 이는 기후변화 시대를 사는 우리가 세상과 우리의 이웃과 관계를 회복하기 위해 해야 할 일을 깊이 묵상하고 또 실천하게 해줄 것이라 믿는다.

이상의 '푸른 금식'은 맘몬 문화에 찌든 이들이 '보다 더 많이'를 내세우며 끊임없이 소비해온 삶을 회개하고 '이만하면 충분하다'고 고백하게 할 뿐 아니라, 늘 쏟아지는 과소비에 대한 유혹에 당당히 맞서게 도와줄 것이라 믿는다. 주님의 고난을 묵상하는 사순절 기간만이라도 지구를 위해, 고통 중에 신음하고 있는 피조물이 기다리는 하나님의 자녀가 되는 연습을 하자(『새하늘 새땅』 통권 14호, 한국교회환경연구소 발행 참고).

〈일상에서 '푸른 금식' 연습〉
- 추울 때 입고 더울 때 벗는다.
- 자신이 마실 것은 가지고 다닌다.
- 먹고 입고 쓰는 것은 늘 필요한 만큼만 한다.
- 일회용 물건 쓰지 않는다.
- TV를 습관적으로 켜지 않는다.
- 적절한 규모의 공간에서 산다.
- 가까운 거리는 걸어 다닌다.
- '중고'에 대한 생각을 다시 갖는다.
- 사서 쓰기보다 서로 수고함으로 필요를 채워본다.
- 자기에게 필요하지 않은 것은 'NO'라고 거절한다.

'푸른 금식' 교육은 이렇게

- **영상 보기** : 투발루(EBS 지식채널), 탄소발자국(KBS 환경스페셜, 2008. 06.18), 행복실험실_자연주의 마을 토트네스(SBS 스페셜, 2008. 6. 8)

- **생활영성수련** : 성서묵상(하루의 양식의 의미), 마음 다스리기(필요와 욕망 묵상)

- **실천 프로그램** : 탄소발자국 측정(www.greenstart.kr의 우리집 탄소발자국 계산기), '즐거운 불편' 수칙 만들기, 아나바다 장터 열기, 초록가게10) 하루봉사, 품앗이 놀이11)(Let's LETS(Local Exchange & Trading System)

- **기타** : (독서)『즐거운 불편』,『소비사회의 극복』,『작은 실천이 세상을 바꾼다』,『지구를 살리는 7가지 불가사의한 물건들』,『고릴라는 핸드폰을 미워해』,『경제성장이 안되면 풍요롭지 못할 것인가』,『(어린이)지구를 구하는 경제책』

쓰면서도 세상을 풍요롭게

모두가 풍요롭게 해야 한다고 금할 것만 있는 것은 아니다. 모두가

---

10) 초록가게 혹은 녹색가게는 주민들이 가져온 물건을 교환하고 판매할 뿐만 아니라 되살림교실을 통해 버리면 쓰레기가 되는 물건을 재활용해 새로운 것으로 만드는 일을 하고 있다. 현재 전국에 60여 개 운영 중.
11) 품앗이 놀이 - 준비물(A4 혹은 포스트잇과 펜, 전지, 둘러앉을 수 있는 자리) / 활동내용 (화폐 이름 정하기 → 거래목록 만들기 (마음 고르기 - 거래 목록 적기(줄 수 있는 항목(+표시), 받고 싶은 항목(-표시)) → 발표 후 성찰하기)

즐겨 사용해야 할 이로운 것들도 많다. '멀티 탭'은 낭비되는 대기전력을 제로화할 것이다. 대부분의 전자제품은 켜진 상태가 아니라도 여전히 전기를 소모하는데, 100만 가구에서 멀티 탭을 연결해 절반씩만 줄여도 매년 15만 톤에 달하는 이산화탄소가 덜해질 것이다.

'장바구니'는 습관적으로 담아오는 비닐봉투를 대신하는데, 쓸수록 푸른 금식을 돕고 모두를 이롭게 할 것이다. 해마다 전 세계인이 쓰는 비닐봉투를 대신할 수 있다면 1200만 배럴에 해당하는 원유가 불필요해진다. 쇼핑용 비닐봉투 9장만 안 써도 승용차 한 대를 1Km가량 운행할 수 있는 석유를 아낄 수 있다니 비닐을 금하고 장바구니를 즐겨 쓸 일이다. '자기 컵'과 '손수건'을 하나씩 마련하여 어딜 가든 가지고 다녀보는 것도 좋다. 그러면 한 번 쓰고 버리는, 버려진 후에도 20년이 지나야 겨우 분해되는, 이산화탄소를 흡수하는 중요한 흡수원인 숲을 베어 만든 일회용 컵은 필요가 없어질 것이다. 즐겁게 컵과 수건을 들고 다니므로 지킬 수 있는 나무는 몇 그루나 될까? 1,000개의 종이컵을 안 쓰면 50m 크기의 느티나무 한 그루를 지킬 수 있다고 한다.

'재생지'도 종이가 필요할 때마다 써보자. 재생지는 나무를 절약하거나 최소한 유지하게 돕는다. 또 나무를 종이를 만드는 데 필요한 방대한 양의 에너지와 물을 보존하며, 환경 중으로 배출하는 유해화학물질의 양, 땅에 묻어야 할 엄청난 짐을 줄이게 된다. 또 나무는 17그루나 살릴 수 있다. 그만큼 지구 온도도 시원해지고 우리의 건강도 지켜질 것이다.

일하러 갈 때, 장보러 갈 때, 학교 갈 때는 '두 발'로 힘차게 걷자. 걷기에 다소 거리가 있는 곳이라면 '자전거'에게 몸을 맡겨도 좋을 것이다. 자전거는 사람이 만든 최고의 교통수단으로서, 하루 30분씩만 타도 수명이 4년 늘어난다고 한다. 백만 명의 사람이 일주일에 한 번 8Km 정도를 이동할 때 자동차 대신 자전거로 가면 연간 약 10만 톤의 이산화탄소 배출이 줄어든다고 한다. 가능하기만 하다면 '자전거발전기'를 두고(혹은 생산되는 전기를 저장할 작은 축전지와 함께 태양광전지판을 창가에 두고) 전기를 생산해 사용할 수도 있다.

유용한 미생물 'EM'(Effective Micro-organism)을 쌀뜨물과 발효시켜 생활 속에서 화학세제 대신 즐겨 사용하는 것도 가능하다. 설거지 및 세탁세제는 물론 악취 제거로 쓰일 뿐 아니라 식물을 키우는 데 유용한데, 이는 쓸수록 우리의 건강을 지킬 수 있고 또 배수구로 흘러나가면 수질을 정화해 하천도 건강하게 지킬 수 있다.

끝으로 자기만의 '텃밭'(상자텃밭도 가능)을 만들어 가족들의 건강을 위한 먹을거리도 챙기고 도시를 푸르게 하여 그 안에서 사는 삶이 행복해질 수 있도록 일궈도 좋을 것이다.

만약 '푸른 금식'으로 나아갈 때 어쩔 수 없이 포기하는 것이 고통스럽다면, 쓰면 쓸수록 세상을 더 풍요롭게 하는 것들을 찾아 즐길 일이다. 멀티 탭, 장바구니, 자기 컵과 손수건, 재생지, 자전거에다 EM, 그리고 텃밭까지……. 그냥 보기엔 별 것 아닌 듯 보이나, 하나하나가 지극히 작은 자를 세심히 배려하며 받은바 풍요로움을 누리게 하는 유익한 것들이다. 그것들이 있는 한, '푸른 금식'을 실천하는 것도 그다지 어렵지만은 않을 것이다. 거기다 불편함을 즐거움으로 받아들일 수 있는 굳건한 결심만 선다면, 바로 지금 여기서부터 진정한 풍요로움을 누릴 수 있을 것이다.

오늘의 필요만큼 구한 후 쉼을

물론 몸에 밴 습관을 하루아침에 바꾸기는 어려울 것이다. 그만큼 고통도 뒤따를 터인데, 풍요와 편리를 좇아 소비에 빠져 있었던 만큼 지극히 당연한 일이다. 하지만 그 고통은 이제껏 필요 이상의 것을 누려온 것에 대한 은혜 갚음이라고 생각하고 인내할 수 있었으면 좋겠다. 은혜를 갚아가다 보면 꼭 필요한 만큼 제대로 소비할 줄 알게 될 것이고, 진정으로 풍요로운 삶을 지구상에 있는 모든 생명들과 더불어 살아낼 수 있을 것이다. 이런 이야기가 있다.

> 부유한 사업가가 고깃배를 세워둔 채 느긋하게 누워 있는 어부를 보고 어이없다는 듯이 물었다. "왜 고기를 더 안 잡는 거요?", "오늘 잡을 만큼은 다 잡았소", "왜 더 잡지 않나요?", "더 잡아서 뭐하게요?", "돈을 벌어 모터 달린 큰 배를 사고, 더 깊은 바다에 나가 고기를 더 잡을 수 있잖아요? 또 큰 그물을 사서 고기를 더 잡고 배를 늘려 선단을 거느리죠. 그러면 나처럼 부자가 될 수 있잖아요?", "그 다음엔 뭘 하죠?", "느긋하게 인생을 즐기지요", "당신은 지금 내가 뭘 하고 있다고 생각하시오?"

우리도 이야기 속의 어부처럼 오늘 구해야 할 만큼 구하고, 그에 만족하며 쉼을 누릴 수 있기를 빈다. 하나님은 자연을 통해 풍성한 은혜를 주시며, 지금도 우리에게 '하루의 양식만을 구하라'(마 6:11)고 말씀하고 계신다. 지나침도 모자람도 다 창조의 목적에 벗어나는 것이다. 우리 모두가 하나님의 형상을 기억해내고 창조동산의 아름다움을 세우기 위해 필요한 도움을 아끼지 않을 때, 마침내 죽어가는 지구가 온전해져

다시 살아 숨 쉬게 되리라 믿는다. 그때에 하나님은 우리를 향해 또 한 번 '참 좋다' 하실 것이다.

생태 감수성을 일깨우는 자연 체험

하나님이 만드신 모든 생물은 하늘과 땅, 바다를 벗 삼아 살아간다. 그 종류는 아담(사람)이 붙여놓은 이름만도 170만 종이나 된다. 이 가운데 약 70만 종이 곤충이고, 4만 1천 종이 척추동물, 25만 종이 식물이며, 나머지는 무척추동물, 곰팡이류, 조류 기타 미생물들이다. 여기다 알려지지 않은 것들까지 합하면 약 6천만 내지 1억 종이나 된다고 한다.

이러한 생물 종(種)의 다양함은 우리에게 여러 가지 사회·경제적인 혜택을 주어왔다. 일례로 1960년 백혈병에 걸린 어린이들의 생존율이 1/5이던 것이 지금은 4/5로 껑충 뛰었는데, 이것은 마다가스카르 산 열대산림식물을 약재로 한 처방 덕택이다.

생명의 아픔에 둔감한 우리들

하지만 지금의 생태적 현실은 너무 암담하다. 생물종이 빠른 속도로 없어져 요즘은 하루에 100여 종씩, 1년에 2만 종 이상이 우리 곁을 떠나 영원히 자취를 감추고 있다. 최근 30년 동안 100만 이상의 생물종이 멸종했고, 또 지금은 세계 생물종의 50%가 멸종 위기에 직면해 있다고 한다.

우리의 경우는 국토의 허리인 백두대간, 생태계의 보고인 개펄, 철새가 쉬어가는 습지, 최후의 녹지인 그린벨트……, 지난 20여 년 간 전국적으로 매년 1만 6천여ha의 농지와 7천여ha의 산림, 그리고 3천여ha의 개펄이 사라졌다. 그로 인해 우리나라에서만도 연간 500여 종에 달하는 살아 있는 생물종이 자취를 감췄다.

생명의 신음소리도 주변에 가득하다. 빠른 시간에 고기를 만들어내기 위해 풀 대신 성장호르몬과 항생제가 배합된 곡물사료를 먹은 소들은 소화기관이 망가져서 내장이 바깥으로 삐져나오는 고통을 겪는다. 우리가 먹는 햄버거 한 개엔 소 60여 마리의 원한이 서려 있으며, 이를 위해 2.5평의 열대 숲이 사라지고, 과도한 방목은 전 세계 목초지의 60% 이상을 파괴해 매년 남한만 한 땅이 사막으로 변한다. 밤낮 가릴 것 없이 형광등 불빛 아래서 사료를 먹고 자라는 닭들은 알을 낳아도 품을 줄 모른다. 또 현대 어업이 먹을 수 있는 것 이상으로 잡는 것은 연간 2천만 톤으로 세계 어획고의 4분의 1인데, 모두 죽거나 죽어가는 채로 바다에 내버려진다. 우리에게 이들 생명은 음식을 만들어내는 단순한 '기계'일 뿐이지 호흡하고 살아 움직이는 '생명'이 아니게 된 지 오래됐다.

이토록 생명이 죽음으로 몰리고 우리의 생존도 위협받고 있는데, 우리는 그들의 아픔과 괴로움에 여전히 둔감하다. 위기를 초래한 장본인이 우리임을 알고 나서도, 자연을 함께 살아야 할 존재가 아니라 개발해야 할 자원으로만 여길 뿐 생명에 대한 감수성은 마비될 대로 마비되어 있다. 자연과 너무 멀어져 살아온 탓이리라.

하나님 자신도 감탄하신 자연

하나님은 세상을 지으시면서 자신이 만드신 것 하나 하나를 바라보시며 '좋다'고 감탄하셨다. 모든 것이 조화를 이루고 창조주의 뜻이 온 땅 위에 충만한 것을 보시고는 '참 좋다'시며 탄복을 금치 못했다.

그랬던 자연을 바라보면서, 우리는 얼마나 자신의 감정을 표현하고 있는가? 어떤 감탄사를 외치고 있는가?

안타깝게도 우리는 감탄하기는커녕, 감탄할 자연과의 만남의 기회조차 갖지 못하고 있다. 도시 확장과 온갖 개발로 인한 서식지 파괴, 자가용 발달과 컴퓨터 게임의 증가는 물론, 핵가족화, 공동체성 위축 등의 경향들은 자연 체험의 기회를 점점 더 빼앗아가는 방향으로 향하고 있다. 그러니 하나님이 만드신 자연을 보고 창조의 신비를 깨달아 그 감동을 표현하기를 바라는 것 자체가 애당초 무리다.

> "어른과 아이가 함께 숲을 거닐며, 흥미로운 것들을 발견하고, 놀라워하고, 즐거워하는 것, 아이가 그것보다 확실하고 분명하게 동식물의 이름을 기억하는 길은 없다 …… 어린이 앞의 세상은 신선하고 새롭고 아름

다우며 놀라움과 흥분으로 가득하다. 어른들의 가장 큰 불행은 아름다운 것 놀라움을 불러일으키는 것을 추구하는 순수한 본능이 흐려졌다는 데 있다."

— 『자연 그 경이로움에 대하여』(레이첼 카슨) 중에서

첫 사람 아담의 마음으로, 깨끗한 공기와 물, 따사로운 햇살과 시원한 바람, 풍부한 대지, 그리고 그 안에 살고 있는 수많은 생명들을 다시 바라보자. 아담은 하나님이 곁에 두신 생명들과 기쁨으로 관계 맺기를 시도하였다. 우리도 새롭게 시작해보자.

기회 될 때마다, 자연을 만나 이야기 나눠보자. 그러면 삶의 순간마다 '오!' 하는 감탄사가 점차 흘러나올 것이다. 비록 지금은 자신의 감정을 숨기고 억제하는 것이 익숙하더라도, 다양한 방법들을 활용하여 자연을 체험해보자. 그러면 본래 좋은 것으로 만들어주신 자연을 보았을 때 떠오르는 우리 안의 감정을 솔직하고 건강하게 다양한 감탄사로 외칠 수 있을 것이다.

자연 체험으로 생태 감수성 되찾기

자연과 대화하기

자연의 경이로움(아름다움)을 충분히 느낄 수 있는 곳을 선정하여 자연스럽게 앉고, 자연물을 의인화하여 대화해보자. 풀꽃과 나무 등만이 아니라 물, 바람, 곤충, 새, 동물의 소리까지도 시도해봄 직하다. 대화내용은 기록하여 모둠별로 모여 자신의 느낌을 서로 나누게 한다. 일상의

삶을 살면서 스치는 그 어느 것도 그냥 지나치지 말고 기쁨으로 대화해 보도록 권면한다.

'자연과의 만남' 프로그램

자연은 우리에게 먹을 것 입을 것을 제공하며 삶의 휴식처가 되어줄 뿐만 아니라 하나님의 손길을 느끼게 해준다. 예수님도 여러 가지 비유로 자연의 이야기를 들려주시면서 하나님의 나라를 설명하셨다. 다음 프로그램들은 학생들이 자연과 직접 만남으로써 감수성, 즉 느낌으로 피조물과 나누며 하나님의 뜻을 발견하도록 도울 것이다.

- 살아 있는 흙과의 만남
  이유 : 흙은 생명력을 지니고 있는 유기체적 존재로 자주 어머니에 비유된다. 하나님께서 만드신 모든 생물의 발상지는 흙이며, 그들이 일생을 마감하고 최종적으로 돌아가는 곳도 흙이다.
  방법 : 맨발로 땅 밟아보기, 흙의 특징 비교해보기, 흙 속에 사는 생물 만나보기, 흙 위에서 함께 놀아보기

- 숲 속 자연과의 만남
  이유 : 하나님이 만드시고 우리로 풍성히 누리되 지키고 돌보라고 하셨던 동산은 숲이었다. 숲은 나무와 그에 기대어사는 수많은 생명을 길러내며, 광합성을 통해 산소를 배출한다. 또 대기오염물질을 정화시켜주고, 홍수와 가뭄을 예방한다.
  방법 : 숲의 소리와 냄새 찾기, 숲속의 모습 살피기, 들꽃 관찰하기,

나무 살피기, 숲이 하는 일을 생각해보기

- 생명의 근원인 물과의 만남
  이유 : 물은 인간의 생활에 있어서 다양한 용도로 쓰인다. 마시고, 음식 만들고, 씻고, 농작물을 가꾸고, 물고기를 키우고, 공장에서 쓰고, 수영하고, 뱃길을 만드는 등 거의 모든 활동에 물이 쓰인다. 또 우리 몸의 70%는 물로 구성되어 있으며, 지구 표면의 70%가 물이다. 생명의 필수요소이다.
  방법 : 물과 친해지기(강, 바다, 갯벌 등), 물속에서 숨 안 쉬고 오래 버티기, 물속에서 놀아보기, 물속의 모습과 생물 가족 관찰하기

숲속 생물 이름 짓기

숲 속에 사는 나무들 중에는 독특한 이름을 지닌 나무들이 많다. 원 이름을 부르기 전에, 아담이 되어 나무의 특징을 살펴 이름을 지어보도록 해보자. 그리고 활동이 끝나면, 조상들이 나무의 특성을 살펴 붙여놓은 재치 있는 이름들을 알려주자. 예를 들면, 뽕나무의 열매 오디는 맛이 좋아 많이 먹으면 방귀를 뀐다 해서 '뽕'나무라고, 물푸레나무의 가지나 잎은 물에 넣고 비비면 물이 푸르게 되어서, 국수나무는 속 부분을 굵은 철사로 밀면 반대편으로 국수와 같은 가락이 빠져나와서, 신갈나무는 짚신 바닥이 헤지면 깔아 사용해서, 떡갈나무는 잎에 방부성 물질이 있는 잎으로 떡을 싸서 보관해서, 생강나무는 잎이나 어린 가지를 잘라 비비면 생강 냄새가 난다 해서, 노린재나무는 태우면 노란 재가 남는다는 등.

세밀화로 만나는 자연

그림은 나를 표현하고 서로 교감하게 해주기 좋다. 특히 세밀화는 알면 알수록 신비하고 다양한 동식물의 생태를 섬세하게 관찰하여 그리게 함으로 살아있는 자연을 생생하게 느끼게 도와줄 것이다.

환경 서적 읽기, 혹은 생태적 글쓰기

환경 관련 시나 수필 등의 책을 읽거나, 자연과 만나 느꼈던 감동을 비록 짧을지라도 수시로 글로 표현하면 생태적 상상력이 풍성해질 것이다.

놀이로 만나는 자연

자연을 보고, 열매를 먹어보고, 자연물을 만져보고, 자연의 소리를 들어보고, 향기를 맡아보는 등 오감을 이용한 활동으로 평소에 잘 사용하지 않는 감각을 살려 자연과 우리의 관계를 인식할 수 있게 돕는다.

- 식물 관련
  - **나무짱!** : 모둠짱(나무짱)을 정하여 숲을 등지고 앉게 한 후 다른 이들은 숲으로 가서 모둠나무를 정한 후 그 특징을 관찰, 한 사람씩 나무짱에게 와서 특징을 설명한다. 일정 시간 안에 나무짱은 모둠나무를 찾아야 한다.
  - **내 짝꿍 찾기** : 나뭇잎을 종류별로 2장씩 준비해두었다가, 전원 머리띠를 두르게 하여 한 장씩 붙여주고, 돌아다니면서 자신의 나뭇잎에 대해 물어보게 한다. 자신의 나뭇잎과 똑같은 잎(짝꿍)을 찾으면 진행자에게 함께 온다.

색깔 찾기 : 숲을 다니며 상자에 여러 가지 자연의 색을 모으도록 한 후, 색깔환에 붙여 꾸미게 한다.

메모리 게임 : 주변의 자연물(잎, 열매, 꽃 등)을 한 쌍씩 준비하여 두꺼운 종이에 붙이고 뒤집어 놓고 한 명씩 나와 두 개씩 열어보고 같은 자연물이면 가져가면서 다시 한 번 하게 한다.

촉감 놀이 : 다양한 열매, 돌, 이끼, 벌집, 조개껍질, 버섯 등의 자연물이 담긴 주머니를 동일한 것으로 두 개 만들어 하나를 참가자들에게 주어 하나를 꺼내 보여주며 한 명씩 손을 넣어서 촉감으로 찾도록 한다.

- 동물 관련

  달팽이 놀이 : 나선형으로 달팽이집을 그려 양 끝 모둠집에서 순서대로 줄을 서서 안쪽, 바깥쪽에서 한 명씩 출발하여 만나는 지점에서 '가위 바위 보'를 한다. 이긴 모둠은 계속 달리고, 진 모둠은 다음 사람이 달려 나와 이긴 모둠 친구와 만나는 지점에서 가위 바위 보를 한다. 먼저 상대편 대문에 들어서는 모둠이 이긴다.

  호랑이 먹이사냥 : 동물사냥 놀이를 통해 생태계 먹이연쇄를 알게 한다. 모둠마다 호랑이 한 마리와 여우, 늑대, 토끼 등의 동물을 두되, 양측 호랑이는 술래가 되어 원 밖으로 나와 있는다. 두 호랑이가 의논하여 한 동물의 이름을 대며 "바꿔!!"라고 외치면, 서로 자리를 바꾼다. 원 밖으로 뛰어가는 다른 모둠의 동물을 사냥한다.

  다람쥐 먹이 놀이 : 다람쥐들은 먹이를 구해서 바로 먹기도 하지만

자신의 먹이창고에 저장해 놓거나 먹이를 숨기기에 적당한 장소에 옮겨놓곤 한다. 숲 속 작은 공간에서 도토리 혹은 나무열매를 한 사람 앞에 5~10개 나누어주고, 따로따로 먹이를 숨기고 처음 출발한 곳으로 다시 돌아오게 한다. 10초 내에 두 개를 찾아오게 하고, 다음에는 8초를 주고 찾아오도록 한다. 찾아온 열매는 먹이가 되고, 찾아오지 못한 열매는 흙이나 낙엽 속에 숨겨져 내년에 싹을 틔워 나무가 된다는 것을 알려준다.

보물찾기 : 산 아래에서 참가자들에게 모둠별로 다음과 같은 보물목록을 주고 정해놓은 곳까지 가는 동안 찾아오도록 한다. 찾은 것을 커다란 종이에 붙이게 하고 나무 사이에 줄을 걸어 전시해놓고 그 이유를 설명하게 한다.

〈보물 목록〉 - 1. 날아갈 수 있는 열매 3가지 / 2. 새가 좋아할 만한 열매 3가지 / 3. 식물의 가시 / 4. 무언가 둥근 것 / 5. 부드러운 것 / 6. 무언가 가늘고 날카로운 것 / 7. 무언가 가장 아름다운 것 / 8. 이곳에 필요 없다고 생각되는 것 / 9. 이곳에서 가장 중요한 것 / 10. 먹은 흔적이 있는 잎(자신이 씹어서 만든 것은 안 됨) / 11. 햇볕과 관계있는 것 / 12. 서로 다르게 생긴 나뭇잎 3가지 / 13. 서로 다른 색을 가진 것 5가지 / 14. 달라진 것 / 15. 이곳에서 나랑 가장 많이 닮은 것

- 자연물 공예
  짚풀 공예, 대나무 곤충, 풀잎 공예, 나무 공예, 여러 자연물 공예

- 자연놀이 도구 보기

    손수건(야생동물 똥, 나뭇잎, 발자국), 퍼즐판(모둠 나누기), 나무집게, 나무목걸이, 나이테, 곤충경, 책갈피, 엽서, 머리띠, 손수건, 동물이름 알아맞히기, 청진기, 루페, 나무의 시(판, 종이, 색지), 나뭇잎 찍기, 자연물 염색(손수건, 한지, 종이) 동물나무조각, 열매 쌍, 열매 함, 곤충모형, 종, 물속 보물 판, 물속 생물카드, 식물카드, 새 모형, 거울, 붓, 색실, 종이끈, 새피리, 오리피리, 나뭇잎 카드, 동물카드, 주머니

    〈참고: 에코샵홀씨(주) http://www.wholesee.com〉

자연 체험 주의사항

(함께하는 이들과 생태수칙을 정해 공유한다.)
- 체험 장소 주변의 동식물을 보호한다.
- 흙, 나무, 곤충 등 느껴볼 수 있게 하는 간단한 생태교육을 한다.
- 시상품은 재생공책, 재생비누 등 환경상품으로 한다.
- 간식은 자연식으로 한다.
- 음식은 간소하게 준비하고 인스턴트나 수입식품을 피한다.
- 자연과 친하지 않은 물건은 쓰지 않는다(일회용품, 합성세제 등).
- 체험 중에 나온 쓰레기는 되가져온다.

생명을 만나는 기쁨이 하나님의 형상을

이상의 자연 체험은 우리가 생명을 만나는 기쁨을 맛보게 하기에 충분

하다. 그 기쁨은 자연을 보며 감탄하셨던, 우리 안에 숨어 있는 '하나님의 형상'(창 1:27)을 자연스럽게 되찾아줄 수 있을 것이다. 지금은 우리의 영혼이 지치고 공허하여 하나님이 만드신 자연을 보고도 무감각하지만, 자꾸 자연을 만나다보면 마음이 열려 계절의 변화는 물론, 자연의 속삭임에 민감해져 다양한 감탄사로 감동할 수 있다.

"…… 먼동이 트기 전 / 한 시간쯤 전에 깨어나 봐 / 첫 햇살이 모습을 드러내기 한 시간쯤 전 / 밤 동물들은 그들의 노래를 마치고 / 낮 동물들은 아직 / 그들의 노래를 시작하기 전에 말이야 / 그리고 말없이 시냇물로 가는 / 길을 따라 걸어가 봐 / 그러고 나서, 첫 햇살이 시냇물에 닿을 때 / 허리를 구부리고 물에게 / 이렇게 말해……"
― 『지금은 자연과 대화할 때』(서정록)의 '물 뜨러 가는 노래' 중에서

때때로 자연을 벗 삼아 걸어볼 일이다. 산보를 하더라도 동네 산이나 들, 공원 아니면 냇가, 강가를 걸어보자. 산보하면서 자연스럽게 자연과 대화하면, 자연과의 대화 속에서 하나님의 숨결을 느낄 수 있을 것이다. 비록 우리를 압도하는 자연의 경이로움이 느껴지는 곳은 아닐지라도 생명의 기운, 하나님의 숨결을 느끼기에는 부족함이 없다.

그러니 자연 체험을 한다고 특별히 시간을 내어 꼭 멀리 나갈 필요도 없다. 비록 콘크리트와 회색빛 도시에 살고 있어도 눈을 크게 뜨면 자연을 접할 수 있는 길은 여럿 있다. 길바닥 보도블록 틈새에서 자라는 풀꽃도 그렇고, 동네를 서성이다보면 발견되는 여러 식물들을 접하게 될 것이다. 눈을 크게 뜨면 공기를 맑게 하고 오르내리는 이들의 마음을 정화해주고 있는 동네 산도 보일 것이다. 그곳만으로도 마음만 먹으면

생태 감수성을 다시 일깨워낼 수 있다.

지금 밖에는 봄을 맞아 동네 곳곳에서 쑥, 달래, 냉이, 씀바귀 등 나물로 먹는 식물 등이 자라나고 있을 텐데, 그것을 찾아 그 이름을 알아가는 것도 좋겠다. 주변에서 만나는 생명의 이름을 아는 것과 모르는 것은 큰 차이가 있다. 이름을 모를 때는 그것이 있는지 없는지조차도 모르고 늘 지나치게 되겠지만, 이름을 알고 난 후에는 쉽게 발견하게 될 것이다. 마주칠 때마다 그것이 계절에 따라 어떻게 변해가는지도 느낄 수 있을 것이고 그만큼 더 깊이 대화할 수도 있게 될 것이다.

평소 흙을 멀리하던 도시인이라면 집 안에 화분이나 작은 상자텃밭이라도 마련하여 흙을 자주 접할 수 있게 하는 것도, "흙에서 와서 흙으로 돌아가야 하는"(창 3:19) 자연의 일부임을 깨닫는 것은 물론, 지음받은 자신의 본래 모습을 살피게 하는 좋은 시간이 되어줄 것이다.

필요하다면 집이나 교회 안에 작은 숲을 만들어놓는 것도 좋겠다. 교회 안팎의 자투리땅도 좋고, 옥상도 좋다. 우리 집, 우리 교회 마당이 아니어도 좋다. 어느 곳이든 작은 에덴의 숲을 가꾸고 그 숲을 통해 수시로 자연을 체험하게 하면 얼마나 좋을까? 그곳에 날마다 하나님의 형상을 되찾는 기쁨이 넘쳐날 수 있을 텐데……

생태적 삶을 추구하는 생활영성 교육

우리가 하루 중 제일 많이 마시는 것은 공기다. 두 번째는 물이다. 물은 적어도 하루에 1인당 2*l*는 마신다. 세 번째는 음식이다. 사람에 따라 차이가 있긴 하지만, 대부분 하루 1~1.5Kg이나 되는 양의 음식을 먹는다. 이들 먹고 마시고 들이쉬는 것은 다 자연에서 나온다. 그러니 자연이 병들면 나의 몸도 맘도 안전하지 못한 것이다. 그런데 문제는 이것들이 극도로 오염되어버렸다는 것이다.

다행히 요즘 들어 자연에 해를 덜 미치는 '생태적 삶'을 선택하는 이들이 늘고 있다. 일부는 주말농장에 가서 땀을 흘리며 자연을 느끼려 하고 아예 삶의 터전을 시골로 옮겨 귀농하는 이들도 있다. 그러나 대개의 경우는 '도시 속에서 생태적으로 사는 법'을 찾아 웰-빙 내지는 로하스(Lifestyle Of Health And Sustainability)의 삶에 몸과 마음을 맡긴다. 숨 막히는 도시지만 느긋한 마음으로 잊혀지는 많은 생명을 생각하고 진정

자신을 풍요롭게 하는 삶에 눈을 돌리고 있다.

그런데 이러한 생태적 삶을 살기 위해서는 먼저 생각해보아야 할 것이 있다. 세계화, 정보화의 자본주의 시대에 우리가 생각하고 있는 생태적인 삶이라는 게 가능할까 하는 의문 때문이다. 참 어려울 것 같다는 생각이 든다. 지난 50년간 우리는 석유문명이 주는 편리한 삶에 취해 살아왔고, 또 지금도 석유문명이 만들어낸 물신(物神)의 주문에 사로잡혀 있다고 해도 과언이 아니다. 에어컨을 켜도 석유요, 생수를 사 먹어도 석유다. 집 안은 물론 집 밖으로 한 발자국만 나가도 석유가 없이는 꼼짝달싹 할 수 없다. 더욱이 아무것도 자신의 손으로는 필요를 채울 줄 모른다. 하기야 밥을 짓는 농사조차 태양이 아닌 석유가 없으면 속수무책인 세상이 되었으니, 더 말할 필요도 없다.

그래도 지금까지의 삶을 반성하고 생태적 삶으로 나아가려 하는 이들이 있으니, 희망의 씨앗을 뿌리는 심정으로 몇 가지 생각을 모아 보고자 한다.

생활의 간소화, 손으로 만드는 기쁨[12]

우선 생태적 삶으로 가는 첫 발을 내딛으려면, '되도록 에너지를 적게 쓰고 생활을 간소화'해야 한다. 물건 하나를 살 경우도 가급적 에너지가 적게 드는 제품을 선택해야 한다. 무엇보다 에너지를 적게 쓰려면 그만

---

[12] 여기 나오는 DIY재료들은 인터넷을 통해 쉽게 구할 수 있을 뿐 아니라, 주변에 전문교육을 받은 이들도 한두 명쯤은 있을 터이니 찾아서 배움을 청해도 좋을 것이다.

큼 몸을 많이 사용해야 한다. 되도록 몸을 움직여 해결할 수 있는 것은 귀찮더라도 몸으로 대처하는 습관을 길러야 한다.

요즘 'DIY'(Do It Yourself)가 로하스, 즉 건강하고 지속가능한 삶의 스타일로 주목받고 있는데, 사실 그러한 생활을 하다보면 몸은 불편해도 물리적 욕망으로부터의 자유를 통해 마음의 평안을 얻을 수 있다. 자신의 먹을거리를 시작으로, 아이들 장난감은 물론 비누, 화장품 등 생활용품, 나아가서는 입는 옷과 머무는 집에 이르기까지 필요로 하는 것을 자신의 손으로 채워보자. 자신의 필요가 자신의 수고는 물론 이웃의 사랑으로 채워질 때의 기쁨이란 느껴본 사람만이 알 수 있다.

● **천연세제**

- **비누** (MP비누 재료 : 비누베이스(야자유나 코코넛유 덩어리) 1kg, 글리세린 & 첨가물(브로콜리, 피망, 쑥 등) 10㎖, E.O(에센셜 오일-라벤더, 티트리 등) 10dr, 벌꿀 10㎖ 등)

  ① 만들 만큼 적당량의 비누 베이스를 사각으로 잘라 서서히 녹인다.

  ② 다 녹으면 글리세린과 첨가물을 넣은 후 몰드에 부어 굳힌다. 바로 사용 가능하다.

- **치약** (중조 50g, 글리세린 40g, 쟁탄검 1g, 죽염 5g, 프로폴리스 3g, 천연 토코페롤(비타민E), E.O(스피어민트 6dr, 페퍼민트 6dr, 유칼립투스 4dr)

  ① 소독한 비커에 글리세린을 계량 후 쟁탄검을 넣고 잘 풀어 끈적임을 확인 후,

  ② 베이킹소다를 넣고 잘 섞은 후, 죽염, 프로폴리스, 천연비타민을 넣고 잘 섞어준다.

③ 에센셜오일을 넣고 잘 섞으면 완성된다. 소독한 용기에 넣었다가 1일 숙성 후 사용한다.

- **샴푸** (500g 기준 - 로즈마리(혹은 라벤더) 워터 246g, 폴리쿼터 5g / LES(야자유, 호박산) 84g, 코코베타인(야자유) 140g / 첨가물 - 콘 모이스처 10g, D-E판테놀(비타민E) 3g, 에스피노 질리라 추출물 10g, 로즈 프리저브 14dr / E.O(로즈마리 프렌치 20dr, 라벤더 20dr, 티트리 10dr, 일랑일랑 또는 레몬그라스 10dr)

① 워터를 계량하여 40~50도로 가열한다.
② 폴리쿼터(점증제)를 콘 모이스처(보습제)와 섞는다.
③ 가열된 워터에 폴리쿼터를 넣어 모두 녹을 때까지 열심히 저어준다.
④ 원하시는 점도가 나오면 LES(천연계면활성제)를 넣고 섞는다.
⑤ 코코베타인을 넣어 젓고, D-E판테놀, 에스피노질리아 추출물, 로즈프리저브를 넣고 젓는다.
⑥ E.O을 넣은 후 하루 동안 숙성했다가 사용한다.

• **천연화장품**

- **레몬스킨** (레몬의 비타민 C와 P성분은 미백효과가 있을 뿐만 아니라 모세혈관을 튼튼하게 함. 레몬으로 만든 화장수는 약산성이므로 깨끗이 세안 후 충분히 발라주면 수렴효과 외에도 피부를 소독해주기에 천연화장수 중에서도 인기 만점 - 재료 : 레몬 큰 것 5개, 작은 것 6개, 진로소주 4병, 청주 2병, 글리세린 1병, 패밀리주스병 2개)

① 레몬은 식초와 밀가루로 깨끗이 씻어 맑은 물에 30분 정도 담갔다 물기를 말린다.

② 껍질과 알맹이를 따로 분리해서 패밀리주스병에 각각 담는다.

③ 껍질만 담은 병 속에 소주 2병, 청하 1명, 글리세린 3분의 1병을 붓는다.

④ 알맹이만 담은 병 속에 소주 2병, 청하 1명, 글리세린 반병을 붓는다.

⑤ 검은 봉지에 넣어 시원하고 어둔 곳에 2개월 숙성시킨 후 둘을 섞어 사용한다.

- **아토피로션** (카멜리아(동백) 아토피로션_ 오일은 아토피 피부에 가장 많이 이용되는 천연재료로 피부 침투력이 좋고 피부 가려움증과 염증을 줄여주고 보습력을 유지 - 재료(100g 기준) : 수상층(정제수 40g, 캐모마일 워터 30g, 황금추출물 4g, 글리세린 2g / 유상층(호호바오일 5g, 카멜리아(동백)오일 5g, 카렌둘라오일 3g, 달맞이꽃종자오일 5g / 유화제(이멀시파잉왁스 2g, 올리브유화왁스 2g / 첨가물(자몽씨추출물 1g, 비타민E 2ml, 세라마이드 1ml, 라벤더E.O 5dr, 티트리E.O 5dr)

① 용기들을 소독 후, 수상층의 재료를 계량하고 온도를 65~75도 정도로 가열한다.

② 유상층의 재료와 유화제를 계량하여(파이렉스) 65~75도 정도로 천천히 가열한다.

③ 온도를 같이한 후 유상층에 수상층을 붓고(순서 지킬 것), 한 방향으로 젓는다.

- **모기퇴치제** (100ml기준 - 무수에탄올 20g(시약용으로 순도 99% 정도 되는 에탄올), 정제수 80g, 시트로넬라E.O 8dr, 레몬E.O 8dr)

① 100ml 스프레이 용기를 준비해서 에탄올을 먼저 용량만큼 붓는다.

② 에센셜오일을 정한대로 넣은 후 흔들어주고, 또 증류수를 넣은 후 뚜껑을 닫고 흔들어준다.

③ 출입문에 뿌려주거나, 아이에게는 베개에 살짝 뿌려준다. 산에 갈 경우는 멀리서 분사하여 가볍게 노출부위에 닿게 하면 된다.

● **대안 생활용품**

- **환경수세미** (기름을 흡수하고 분해하는 성질이 있는 아크릴사를 사용해 만듦. 세제 없이도 접시나 그릇, 세면대 등의 때를 쏘옥~ 미지근한 물로 닦으면 효과가 더 크다. 사용 후엔 깨끗이 빨아 햇빛이 잘 드는 곳에 말리고 더러움이 심할 경우는 주방세제나 비누로 빨아 말리면 된다.)

① 대바늘이나 코바늘을 이용해서 여러 모양으로 뜨개질 하여 만들되, 성기게 짜야 세척력도 높고 찌꺼기 등이 끼지 않는다.

- **천연꿀초** (200g기준 재료 : 천연밀납 180g, 레드팜 20g, 티라이트 용기(1개에 10~12g), 심지용 실, 심지 고정단추, 비커, 핀셋)

① 적당한 양의 밀랍을 중탕하여 녹인다.

② 모기퇴치용 등의 E.O(씨트로넬라, 티트리, 제라늄)을 넣어도 좋다 (2% 이상).

③ 심지를 적당 길이로 잘라 밀랍이 뜨거울 때 담갔다가 꺼내어 굳혀 탭에 끼운다.

④ 심지를 용기에 세우고 중탕한 밀랍을 부으면 끝.

* 밀랍은 육각형 벌집을 짓는 주재료로 자연 자체에서가 아닌 벌의 신진대사로 생산된다. 밀랍 1Kg은 벌이 4Kg의 꿀을 먹고 생산해내는 고급물질이다. 천연항생제 프로폴리스가 들어 있다.

- **면생리대** (재료 : 면융, 타월지, 똑닥단추, 핀, 가위, 실, 바늘, 연필, 마분지)

① 마분지에 원하는 길이대로 2개의 본을 그려 자른다('피자매연대' 사이트를 참고하되, 자신의 체형에 맞게 디자인).
② 두 장을 겹쳐 본대로 자르고, 날개 부분과 윗부분 사이에 창구멍으로 4~5cm 정도 남기고 박음질. 천을 잡아 빼 뒤집은 후 공그르기로 마무리.
③ 타월도 2장을 겹쳐 치수에 맞게 재단한 후 몸판과 같은 방법으로 박아 뒤집는다. 몸판에 공그르기나 박음질로 고정한다.
④ 날개 한쪽은 안으로 한쪽은 바깥으로 똑딱 단추를 단다. 방수천을 댈 경우 생리대본체 뒤판에 맞춰 재단하고 공그르기로 고정한다.

함께 하는 행복, 천천히 느리게

우리는 오랜 동안 함께 지음받은 여러 생명들과 거리를 두고 있으면서도 동시에 함께 살아왔다. 그런데 요즘 들어서는 함께 지음받은 것은커녕 지구에서 함께 살고 있다는 사실 마저 잊어버리고 살아가고 있는 듯하다. 맹목적으로 자신의 이익만 좇다보니, 아무 때나 아무 거리낌 없이 다른 생명에게 폭력을 일삼는 데다 흙과 물과 공기를 오염시켜 함께 사는 이들을 힘들게 하며 공멸해가고 있다.

본래 우리는 혼자 살도록 지음받지 않았다. '돕는 배필'을 지어주신 것도, '네 이웃을 네 몸같이 사랑하라'신 것도 혼자 사는 것이 좋지 않을 뿐 아니라 불가능하기 때문이었다. 그것이, 비록 미흡할지라도 우리가 가난과 질병 등으로 고통받고 있는 강도 만난 이웃(눅 10:25-37)을 사랑으로 돌봐온 이유이기도 하다. 그런데 오늘 우리에게는 또 다른 강도 만난 이웃이 있다. 새와 다람쥐, 나무와 바람, 물과 공기, 따스한 햇살 등. 우리로 인해 고통 가운데 신음하고 있는, 하나님으로부터 은혜로 받은, 함께 지음받은 생명들이다.

우리가 그들을 새로운 이웃으로 여겨 사랑으로 지키고 돌보지 않는다면, 기왕 시작한 생태적 삶도 지속될 수 없다. 어떻게 하면 그들을 이웃으로 받아들일 수 있을까? 그러려면, '함께 하는 모든 생명들이 나와 똑같은 생명을 가지고 있다'는 자각이 먼저 있어야 한다. 그것이 생태적 삶을 살게 하는 원동력이요, 또 그것을 지속가능하게 하는 힘이 되어 줄 것이다.

주말농장에서 씨앗을 뿌리기 위해 땅을 헤집을 때의 일이다. 처음엔 나와 가족의 먹을거리를 의식하면서 땅을 헤집었지만 계속되는 흙과의 만남은 흙 안의 수많은 생명을 실제로 만나게 해주었고, 그들과 내가 흙과 한 몸임을 실감케 해주었다. 또 그 생명들이 키워낸 또 한 생명이 자신을 희생해 내게 먹힐 땐 자연의 원리, 하나님 창조의 섭리에 따라 내 삶을 바꾸어야겠다는 생각이 절로 들었다. 흙이, 그리고 흙이 낸 식물이 나의 생각과 삶을 바꾸어준 것이다.

만약 우리가 종이 한 장을 보고도, 그 속에 담긴 비와 구름, 나무와 태양을 보고, 산 속 무수한 벌레들의 울음소리를 들을 수 있는 마음의 눈이 있다면 생태적 삶을 살아내게 하는 것이 그다지 어려운 일도 아닐 것이라 생각된다. 종이를 종이로만 보는 것과 수많은 생명의 수고와 정성이 담겨 있는 것이라 보는 것과는 굉장한 차이가 있다. 단순히 '아끼라'고 하는 것보다, 그 모든 것을 보게 되면 저절로 소중함을 깨달아 돌보게 될 것이고, 그 자체로 삶의 기쁨이 될 것이다.

문제는 '나 아닌 다른 생명에 어떻게 늘 깨어 있느냐' 하는 것인데, 어떤 물건을 대하든 그것의 일생을 살피고 자신과의 관계맺음만 잘 하면 어려운 것만도 아니다.

- **영상 보기** - '종이의 일생'(KBS 환경스페셜 387회 / 2009년 4월 22일 방송)
- **활동** - '나무의 일기' : 단면(나이테)이 보이는 나무가 있는 곳에서 나무가 살아온 역사와 자신의 삶을 연관 지어 본다.
  ① 나무 나이테 형성과정에 대해 간단히 설명한다.
  ② 나이테를 세어보되, 쉽게 구별할 수 있도록 핀을 꽂고 나무 나이를 얼마인지 알아본다.
  ③ 진행자는 다음과 같은 질문을 하면서 나이테를 참가자들이 자신의 삶과 연관 짓게 한다.
  - 태어났을 때의 나이테 핀은 어느 것이며, 그때 나무의 상태(크기, 모양 등)는?
  - 학교에 들어갔을 때의 핀은 어느 것이며, 그때 나무의 상태는?
  - 나무가 가장 잘 자랐을 때 자신은 무엇을 하고 있었는지? 기억나는 일은?
  - 나무가 가장 힘들었다고 생각되는 시기에 자신은 무엇을 하고 있었는지? 기억나는 일은?
  ④ 진행자는 나이테에 따른 여러 이야기(방향 등)를 준비해두었다가 함께 나눈다.

이러한 관계맺음은 종이만이 아니라 일상 속에서 만나는 모든 사물

속에서 해볼 만하다. 다만 그러려면 느리게 사는 연습이 필요하다. 일상이 바쁠지라도 가능한 대로 침묵과 명상시간을 가지다보면 주변의 있는 사물과 대화할 수 있는 마음의 여유가 찾아들 것이다.

"우리는 지금 가만히 멈추어 서서 바라볼 시간이 필요하다 / 우리는 혼자 있을 시간이 / 타인과 관계 맺을 시간이 / 창조적인 일을 할 시간이 / 즐거움을 주체적으로 즐길 시간이 / 아무것도 생산하지 않고 그저 자신의 근육과 감각을 사용할 시간이 필요하다."

- 폴 라파르그의 『게으를 수 있는 권리』 중에서

- **침묵기도** : 일일삼성(一日三省)이란 말처럼 하루에 5분 내지 10분씩 세 번만 눈을 감고 자신의 내면에 침잠하는 시간을 갖자. 고속도로를 달릴 때 두 시간에 한 번은 차를 멈추고 휴게소에 들러 휴식을 취하듯 일상이 아무리 바쁠지라도 의도적으로 멈추고 고요한 가운데 기도해보자.
- **비움기도** : 때때로 내가 받은 생명의 은혜인, 자신의 몸을 느껴보자. 혹 내 몸을 통해 하나님이 주시는 신호를 알아채기 힘들고, 자연과 멀어지고, 하나님에게서 멀어져 있다고 생각되면, 몸을 비워보자. 하나님이 만드신 자연이 그러하듯 무뎌지고 병든 몸이 치료될 것이다. 욕심을 버리고 소식하고 단식함으로 누리게 되는 쉼에는 확실히 재생의 힘이 있다. 그런 중에 자신의 숨을 살피며 기도한다면 하나님의 영으로 온전케 되고 생명의 기운이 솟아날 것이다.
- **말씀묵상** : [주제와 성구] 피조물의 신음소리(롬 8:18-22), 하나님 닮은 존재(창 1:26-28, 31), 만물의 평화(골 1:15-20), 생명과 호흡

을 주시는 하나님(시 19:1; 행 17:24-25), 극심한 가뭄(렘 14:2-6), 흙에서 나서 흙으로(창 2:7; 레 25:3-4), 거룩한 생명의 양식(마 6:11; 출 16:4, 19-20), 버리는 것이 없게 하라(요 6:9-13), 생명을 세우는 방주(창 6:19-20; 9:9-13), 생명의 근원, 빛(창 1:3; 마 5:45; 요 8:12), 하늘의 창고(눅 12:15-21), 지체의 역할(롬 12:2-5; 엡 4:6)

자연에서 누리는 평화

끝으로 생태적 삶을 향해 서 있는 이들은, 영혼이 쉴 수 있는 자연을 찾아가, 그 속에서 혼자 조용히 자신을 돌아볼 일이다. 요즘같이 자기 밖의 볼거리가 너무 많으면 자기 안을 바라보는 일이나 자연의 영적인 의미, 곧 우주와 자연 속에서 하나님의 섭리를 깨닫는 것은 불가능한 일처럼 보인다. 하지만 그럴수록 우리는 숲 속 오솔길을 찾아가 오랜 시간 걸어야 한다. 생태적 삶이란, 단지 일상에서의 교육과 실천만으로는 결코 완성되지 않기 때문이다.

생태적 삶, 그것은 "낙원, 곧 '에덴의 비전'을 지니고, 틈틈이 자연을 즐겨야만" 완성된다. 즐기는 가운데 감추어지고 일그러졌던 '하나님의 형상'이 회복되면, 있는 그대로의 나와 너의 모습을 인정하고 모든 생명들과 평화로운 삶을 자연스레 살아가게 될 것이다.

아니 자연 안에서 평화를 누리는 것을 목적으로 하지 않더라도, 하나님이 처음 창조하신 '에덴'동산의 회복을 그리며 자연을 즐기지 않는 것 자체로 위험한(?) 일이다. 요사이 현대의학으로도 해결하지 못하는 야릇한 병이 많은데, 대부분 정신적 혹은 환경적 요인이고 보면 '자연부족증'이란 생각이 든다. 부족한 면이 있긴 하지만, 다시 흐르는 청계천에 몰리는 거대 인파를 보면 자연에 굶주린 이들이 참으로 많다. 짬만 나면 사람들은 자연을 즐기지 못할지라도 자연으로 향해 휴가를 떠난다. 자연이 세상의 그 어떤 약보다도 우리의 몸과 마음에 깊은 평안을 주는 것을 알기 때문일 것이다.

물론 자연을 즐기려, 꼭 산 좋고 물 좋은 곳으로 가야 하는 것만은 아니다. 그것도 좋겠지만, 아파트의 나무들과 친해보고, 창가에 화분 하나를 두고, 봄 여름 가을 겨울을 동무해보는 것도 좋지 않을까 생각된다. 꽃 피는 철만이 아니라 나무 한 그루 풀 한 포기가 싹트고 자라고 시드는 과정 전부를 온전히 바라볼 수 있다면, 날마다 창조주 하나님의 기운 속에 살며 그분의 지혜와 능력의 도구로 살아갈 수 있을 것이다.

"어떤 일이 일어나도 / 당신이 할 수 있는 한 최선을 다하라 / 마음의 평정을 잃지 말라 / 당신이 좋아하는 일을 찾으라 / 집, 식사, 옷차림을 간소하게 하고 번잡스러움을 피하라 / 날마다 자연과 만나고 발밑에 땅을 느껴라 / 농장 일이나 산책, 힘든 일을 하면서 몸을 움직여라 / 근심 걱정을 떨치고 그 날 그 날을 살아가라 / 날마다 다른 사람과 무엇인가를 나누라 / 혼자인 경우는 누군가에게 편지를 쓰고 / 무엇인가 주고 / 어떤 식으로든 누군가를 도우라 / 삶과 세계에 대해 생각해 보는 시간을 가지라 / 할 수 있는 한 생활에서 웃음을 찾으라 / 모든 것 속에 들어 있는 하나의 생명을 관찰하라 / 그리고 세상의 모든 것에 애정을 가져라."
- 헬렌 니어링의 『아름다운 삶, 사랑, 그리고 마무리』 중에서

내 힘으로, 할 수 있는 만큼 단순하고 느리게, 그리고 평화롭게 사는

꿈을 꾸자. 꿈보다 좋은 것은 꿈꾸는 대로 살아가는 과정이라고 한다. '밥 먹는 것, 입는 것, 잠자는 곳, 일하는 곳 모두에서 천천히 변화를 찾자', '음식은 간소하게 제대로 먹고, 여름은 덥고 겨울은 춥게 지내자.' 이 간단한 실천이 '생태적 삶'을 향한 우리의 문을 열어줄 것이다.

이 땅의 모든 그리스도인들이 작은 들꽃 한 송이 속에서도 하나님의 숨결을 느끼고, 쉬운 것에서부터 '생태적 삶'으로 나서게 되길 소망해 본다.

지속가능한 세상을 위한 '생태적 책임' 교육

더 이상 지속가능하지 않은 지구

우리가 살아가고 있는 지구는 건강하지 못하다. 얼마나 더 우리의 삶을 지탱시켜줄지도 장담할 수 없다. 사람들이 내놓는 나쁜 물질이 하나뿐인 지구의 수용능력을 초과했고, 자원의 소비 속도가 인류와 지구의 생존을 위협할 정도로 빨라서이다.

지금 당장 조치가 취해지지 않고 계속된다면 우리의 아이들, 그리고 아이들의 아이들은 지구에서 필요로 하는 것을 채우면서 살 수 없을지도 모른다. 지구가 더 이상 지속가능하지 않다는 말이다.

해마다 "살아 있는 지구 보고서"(Living Planet Report)를 발표하는 세계야생동물기금협회(WWF)에 따르면, 사람들이 자연에 주는 부담을 일컫는 생태발자국이 자연의 정화능력을 넘어선 지 오래다. 먹는 것과 입는 것, 사는 집과 일하는 공간, 일과 여가를 위해 움직이는 모든 것에서 하나님이 베푸시는 정도를 넘게 자원과 에너지를 사용하고 있다. 국민소득 3만 달러 달성에 열을 올리는 우리나라의 생태발자국 지수[13]는 4.05ha로, 하나뿐인 지구를 2.26개나 소비하고 있다.

그런데 문제는 모든 이들이 목표로 하는 나라가 미국이라는 데 있다. 미국은 세계에서 가장 높은 생태발자국을 자랑하는 나라로 생태발자국 지수가 9.7ha다. 지구가 감당할 수 있는 생태발자국인 1.8ha보다 무려 5배나 넘게 소비한다. 만약 전 세계가 이들처럼 산다면 지구는 5개 이상 필요하다는 말인데, 가능할 수도 없는 이야기다.

재난을 예견하고 극복한 야곱이야기

성서에 보면, 다가올 재앙을 예견하고 그에 지혜롭게 대처한 요셉이야기가 나온다. 그가 있었기에 이집트 백성 대부분이 굶어죽을 뻔했던 재난을 극복하였고, 또 나라 전체의 살림살이도 유지될 수 있었다.

오늘 우리가 살고 있는 시대는 어떤가? 요셉의 시절보다 더하면 더했지 덜하지 않은 시대를 살고 있다고 해도 과언이 아니다. 통계 자료를 보면 굳이 요셉처럼 예언을 해석하는 능력이 없더라도 그게 무엇을 의미하는지 짐작할 수 있다. 전 세계 자원의 재고량을 종류별로 기록하고

---

[13] 생태발자국지수는 필요로 하는 자원 크기를 땅과 바다의 크기로 표기한 것이다.
*주요 국가의 생태발자국 지수 비교(Earth Day Network, 2003)

국 가	한국	일본	미국	영국	프랑스	이탈리아	핀란드	스위스	터키	멕시코
지수(ha)	4.05	4.80	9.70	5.30	5.30	3.80	8.40	4.10	2.00	2.50

소비량 변동을 그래프로 나타내면, 이 자원이 대략 언제쯤 바닥날지 가늠할 수 있다.

문제는 우리가 다가오는 재난을 어떻게 대처하느냐 인데, 남아 있는 자원을 요긴하게 쓰는 일만으로는 충분치 않다. 하루라도 빨리 경제생활의 토대를 재생가능한 자원으로 전환하고, 나쁜 물질의 배출도 꾸준히 감소시키는 길을 찾지 않으면, 하나님이 허락하신 세상에서 오래도록 생존할 수 있으리라 기대하는 것은 무리다.

다행히도 우리 곁에는 이미 그 길을 걷는 지혜로운 이들이 있다. 요셉의 지혜와 능력을 갖춘 이들에게서 우리는 희망을 본다. 세상을 지속가능하게 하려는 그들의 삶을 엿보면 이렇다.

재앙을 넘어 미래를 여는 이들이 사는 법

무엇보다 그들은 재생가능 에너지를 찾아 사용하고 있다. 그들이 사용하는 건물은 태양을 향해 세워져 있어 태양 빛을 흡수하고 완전히 단열한다. 또 태양전지판 등 화석연료가 아닌 다른 에너지원으로 전력을 가동시킨다. 집이나 교회 지붕에 태양광발전소나 풍력발전기를 올려 전력을 가동시키고 있는 것이다. 그렇게 하면 지구온난화의 주범인 이산화탄소의 발생량을 상당 부분 줄일 수 있어서다.

불필요한 외출은 삼가고, 웬만한 거리는 걷거나 자전거를 이용한다. 자가용을 탈 경우는 함께 타는 운동을 실천하고 행선지를 미리 파악하여 불필요한 연료 소모를 막는다. 어떤 이는 지역에서 생산된 생물자원에서 얻는 바이오디젤로 가는 차나, 일반 차에 비해 기름을 반밖에 쓰지 않아 유해가스도 반밖에 배출되지 않는 하이브리드(hybrid) 차를 탄다.

야간에는 일반 전구가 사용하는 전기보다 더 적은 양으로 밝히거나 간단한 페달식 발전기와 풍력 터빈 등의 최신 기술을 이용하여 밤을 최소한으로 밝힌다. 마당의 등은 태양에너지를 활용한 등으로 밝지 않게 켠다. 라디오와 손전등도 건전지를 사용하지 않고 태엽을 감아 작동하는 제품을 쓴다. 손목시계 역시 시계 앞면에 태양전지가 내장되어 있어 유해물질인 수은전지가 들어 있지 않다.

밥상은 유기농산물로 차린다. 물론 유기농산물이라고 다 올리지는 않는다. 웰-빙 붐이 일면서 수입 유기농이 많아지고 유기농도 가공식품 혹은 즉석식품화되고 있는 것이 유기농 본래의 취지인 우리 몸은 물론 생태계의 건강을 함께 살리지 못하기 때문이다.

또 하나 중요하게 여기는 것은 생활용품에 함유된 유해물질이다. 플라스틱과 비닐류 생활용품을 비롯한 여러 제품에서 나오는 유해물질들이 우리의 건강을 위협하는 것은 물론 사용 후 폐기 과정에서도 심각한 환경오염을 일으키기에 제품을 선택할 때부터 까다롭다.

무엇이든 제품을 구입할 때는 먼저 꼭 필요한 것인지 생각한다. 가지고 있는 관련 제품이 있다면 그것을 오래 쓸 수 있는 방안을 모색한다. 그렇게 하고도 구입해야 하면 환경제품인지, 재생원료를 사용한 제품인지, 혹은 지속가능한 기법이나 농법으로 생산된 제품인지를 꼼꼼히 따져본다. 요즘 환경이라는 이름으로 포장된 제품이 많아 판단하기 어려우면, 환경마크 인증제품과 재활용 인증제품으로 고른다. 현재 종이 등 사무용품을 비롯하여 세제류, 침구류, 페인트나 벽지, 컴퓨터, 그리고 냉장고와 텔레비전 등 가전제품에 이르기까지 1천여 종이 넘는 제품이 나와 있으니 항상 그 정보를 꼼꼼히 챙긴다.

물론 여기가 끝이 아니다. 쓸 만큼 썼다고 생각되어 폐기할 때도 깊이 고민한다. 더 이상 사용할 수 없게 되었거나, 혹은 이사하면서 정리할 물건이 생겨도 바로 폐기하지 않는다. 그 물건에 대해 사용가치를 느끼는 다른 사람이 사용할 수 있게 하거나 수리해서 다시 쓴다. 그렇게 하니 일회용품 등 재활용이나 폐기과정에서 유해물질이 나오는 쓰레기의 배출을 제로화하는 꿈을 이루는 것도 멀지 않다.

받을 복을 간절히 구하고, 누린 야곱이야기

이들이 이런 삶을 사는 이유는 단순한 웰-빙(Well-being)을 위해서만이 아니다. 후손의 삶, 곧 '지속가능성'을 고려해서다. 지속가능성이란 자신만의 건강과 행복을 찾는 웰-빙을 넘어 이웃과 후손을 배려하고 사회 전체 및 생태계를 고려하는 로하스(LOHAS, Life Of Health And Sustainablity)의 삶, 곧 창조주 하나님 앞에 선 그리스도인의 삶의 기본이다. 미래를 내다보며 받을 복을 간절히 구했던 야곱의 삶이 그랬을까.

야곱은 미래를 생각하며, 코앞밖에 못 보는 에서 형에게 갈 복을, 잘 볼 수 없게 된 아버지를 속이면서까지 가로챘다. 에서는 "내가 지금 죽을 지경인데, 맏아들의 권리가 무슨 소용이겠냐?"(창 15:32)며 동생이 끓인 팥죽을 얻어먹는 대신 자신이 받을 복을 내팽개치지만, 야곱은 달랐다. 다음 세대야 어찌되든 나만 누리고 편하면 된다며 받을 복을 놓쳐버리는 '우리들' 눈으로는 야곱의 삶을 쉽게 이해하기 어려울지도 모른다. 하지만 당장의 이익밖에 모르는 이들이 권력을 잡고 있는 현실을 생각하면, 다음 세대, 우리의 아이들을 위해 무엇을 해야 할지 분명해진다.

누리면서, 동시에 져야 할 '생태적 책임'

창세기 4장 9절에 보면, 이런 질문이 나온다. "네 아우가 어디에 있느냐", 동생을 돌로 쳐서 죽이고 시치미를 떼고 있는 형에게 하나님이 던지신 질문이다. 그 하나님께서 오늘 고통받고 있는 수많은 생명을 바라보시고 함께 아파하시며, 우리에게 물으신다. "네 이웃이 어디 있느냐?"고. 어려움에 처한 이웃의 형편을 살피고 내 몸처럼 돌보길 바라시는 마음이 담긴 물음이다.

우리 주변에는 큰 고통 중에 도움을 기다리는 이들이 여럿 있다. 그 중에서도 열병을 앓고 있는 지구 이웃은 우리가 자세히 살피고 필요로 하는 도움을 주어야 할 우선적 대상이다. 지금 지구는 IPCC 등 유력한 국제기구들이 거듭 경고하듯, 6년 내로 희망을 안겨주지 못하면 다시 재기하기 힘든 처지에 있다. 그들은 2015년이 되어 현재 0.74도인 지구 온도 상승폭을 2도 이하로 잡지 못하면, 이 세기 안에 4~6도 상승하여 90% 이상의 생물종이 멸종할 것이라고 내다본다.

상황이 이러하니 오랜 동안 그래왔듯 어려움에 처한 사람만을 이웃이라고 할 수 없게 되었다. 아니 빙하 소멸, 대규모 홍수와 가뭄은 물론, 해수면 상승, 생물종의 멸종, 신종 전염병 유행 등 자연의 징조들을 통해 보이시는 메시지를 제대로 보고 들었다면, 진즉에 지구로까지 이웃의 범주를 확장되었을 일이다.

- ■ '생태적 책임'에 대한 묵상
  - 성경묵상 - '창세기 2:15'
    에덴 동산에 두어 그것을 경작하며 지키게 하시고….〈개역개정〉

> 에덴 동산에 두시고, 그 곳을 맡아서 돌보게 하셨다.〈표준새번역〉
> 에덴 동산에 두시고, 그 동산을 돌보고 지키게 하셨습니다.〈쉬운 성경〉
>
> - **영상 보기** - '생명의 동산, Royal Garden'(4분 29초, 한국교회환경연구소 제작)
>
> 우리의 욕심과 편리를 위해 화석연료를 태우고 또 태운 결과, 질서를 잃어버린 생명의 동산과 사라져가고 있는 생물들을 보면서, 동산의 회복을 위해 기도한다.

책임 있는 행동의 시작, 제값 치르기[14]

이미 지구상에는 하나님이 더불어 살아가게 만드신 여러 생명들이 사라졌거나 사라질 위험 가운데서 신음하고 있다.[15] 자신의 고통을 덜어줄 하나님의 자녀의 도움을 애타게 기다리면서 말이다.

우리는 이들 이웃 앞에 당당히 나설 수 있는가? 생각해보자. 주저됨이 있다면, 그 원인을 살펴보자. 답은 뻔하겠지만, 그래도 구체적으로

---

14) 이후의 글은 지난 4월에 열린 예장 환경선교정책협의회 때 필자가 제안하였던 내용으로, 최근 발간된 '환경주일 예배자료집'과 '기후변화 시대의 생활 속 교육 교재'에도 수록해놓았다. 올해 기독교환경운동연대에서는 한국기독교교회협의회와 회원교단과는 '몸살을 앓고 있는 지구에게 희망의 내일을'이라는 제목으로, 그리고 월드비전과는 '우리의 작은 실천이 아름다운 지구를 선물 합니다'라는 제목으로 '기후변화 시대의 이웃사랑' 캠페인을 전개한다.
15) 국제자연보호연맹(IUCN)이 2~5년마다 '멸종 위기에 처한 동식물 보고서'를 내는데, 일명 레드리스트(Red List)라 부른다. 그에 따르면, 지난 50년 동안에 이미 800종이 넘는 동식물이 멸종한 것으로 조사되었다. 멸종 원인은 주로 도시 개발과 삼림 훼손에 따른 서식지의 축소, 사냥과 생존경쟁 등인 것으로 나타났다.

살피자. 그래야 생각을 돌이켜 책임 있는 행동을 할 수 있을 테니까.

책임 있는 행동은 우선 자신이 누린 것의 대가를 자신이 치르는 데서부터 시작된다. 즉 이산화탄소, 메탄가스 등 온실가스를 자신이 '배출한 만큼 값을'16) 치러야 한다는 말이다. 만약 지금껏 배출한 것이 너무 많아 다 지불하기 힘들다면 올해 발생시킨 것부터 시작하더라도 말이다.

그럼, '어떻게 값을 치르느냐'가 문제인데, 자신이 발생시킨 탄소량을 계산해서 그에 해당하는 금액을 모아 지구 이웃을 위해 헌금하여 그것을 생태적으로 도움이 필요한 곳에 사용하면 된다. 자신이 발생시킨 탄소배출량은 다음 사이트에 가면 쉽게 계산할 수 있다.

- 탄소발자국 측정하기 http://www.greenstart.kr(그린스타트)
- 자신의 탄소배출량($Kg.CO_2$)×15원

계산된 탄소배출량에 탄소시장 거래가격을 적용하여 Kg당 15원을 곱하면, 자신이 배출한 탄소 대신 치러야 할 값이 나온다. 15원은 Primary CDM(청정개발체계) 세계 평균가격 기준인 13달러/$tonCO_2$에 따른 가격이다(2007년 기준). 나온 값은 자신의 잘못으로 인해 지구가 받는 고통의 크기이니만큼 기꺼이 그 값을 지불할 수 있는 마음이 일어나도록 회개의 기도를 올림이 마땅하다.

이러한 계산이 복잡하다면, 우리나라 평균 탄소배출량에 따른 나눔을 실천해도 좋을 것이다. 우리나라 총 CO_2 배출량을 살피면, 연간 4억

---

16) '배출한 만큼 값을 치르는 것'은 한 단어로 표현하면 '탄소 중립'(Carbon Neutral, 2006년 영국 옥스퍼드 사전이 선정한 올해의 단어)이다. 소비와 활동으로 배출한 탄소의 양을 상쇄(相殺)시키는 것, 곧 배출한 탄소에 대한 값을 치르는 것이다.

34,000톤(세계 9위, 2002년 IEA보고)이니 한 사람이 연간 12톤(33.61Kg/일)을 배출한다. 그러니까 일년으로 하면 '12톤×15,000원 = 180,000원'을, 하루로 하면 '33.61kg×15원 = 500원'이 배출한 탄소에 대해 부담해야 할 값이다.

이런 계산도 가능하다. 우리나라 국민 한 사람이 하루 평균 33.61Kg의 CO_2를 배출한다는데, 이는 하루에 나무 0.3그루가 들이마시는 양이다. 그러니까 일 년 동안 110그루의 나무(소나무 기준)를 심으면 된다.

당당하게 해주는 지구 살리기 실천[17]

부담을 준대로 지불한 값은 교회별, 지역별로 모아, 다음과 같은 일에 사용할 수 있다. 신음하며 하나님의 자녀를 기다리고 있는 지구 앞에 당당해지게 하는 일들이니 신나게 해볼 일이다.

- 교회 옥상(지붕) 혹은 소외지역 어린이집에 햇빛발전소 설치(1Kw에 약 800만 원)
  - 117명이 일 년간의 탄소부담금(18만 원)을 지불한다면 햇빛발전소(3Kw, 한 가정 소비량) 1기를 지을 수 있을 뿐 아니라 생산된 전기를 판매하여 매월 20여만 원의 수익을 낼 수 있다. 교회에

---

[17] 기금을 모아 지구 살리는 일에 사용할 때, 기독교환경운동연대(02-711-8905)로 문의하시면 가능한 대로 일을 이루기까지 돕는다. 아울러 이 실천과 관련하여 성도들을 교육하기 원하는 분은 부설기관인 한국교회환경연구소가 최근 발간한 '기후변화 시대의 생활 속 교육교재'를 활용해도 좋다.

설치한 후에는 소외 지역에 있는 어린이집이나 복지관, 농촌교회 등을 지원하는 것도 아름다운 나눔이 될 것이다.

- 교회 혹은 어린이집 마당에 자전거발전기 설치
  - 4명의 탄소부담금이면 자전거 발전기 한 대를 설치하여 200w/h의 전력을 생산할 수 있다. 선풍기 한 대를 4시간 동안 돌릴 수 있는 양이다. 아이들이 놀면서 돌리는 것이 전기가 되니, 그 자체로 좋은 교육이 될 것이다.

- 에덴동산을 꿈꾸는 교회숲 가꾸기
  - 모아진 만큼 에덴동산을 회복할 수 있다. 담장 대신 생울타리를, 주차장 한편엔 녹색쉼터를, 옥상엔 하늘동산을, 그리고 마을 안에 방치되어 있는 땅에는 작은 숲을 하나 둘 가꾸어가다 보면 교회숲이 조성되고, 또 처음 동산으로의 꿈도 이룰 수 있다.

- 사막화 방지 숲 가꾸기(몽골 '은총의 숲' 등)
  - 20일치의 탄소부담금이면 몽골이나 수단 톤즈 지역 등 사막화 지역을 푸르게 하는 '은총의 숲'과 '망고나무 숲'에 나무 2그루를 심을 수 있다.

- 환경교육 및 지구 살리기 프로젝트공연(착한노래 만들기)
  - 60일치의 부담금이면 한 명이 체계적 환경교육을 받고, 5명 이상의 일 년치 탄소부담금이면 지구 살리기 '착한노래' 공연을 교회나 학교에서 열어 교인들은 물론 지역주민들과 지구를 위하는 마음을 함께 나눌 수 있다.

- 친환경 문구류 보급 확산
  - 재생공책 10권과 연필 1다스를, 섬기는 교회나 미자립교회의 교회학교에, 선물하면 자라나는 세대들이 자연스럽게 지구

를 위한 삶을 살아가게 될 것이다. 15일치의 부담금만 있으면 된다.

만약 여전히 값을 치르기 싫다면, 삶이 고돼 값을 치르기 힘겹다면, 날마다 지구 이웃으로 거듭나면 된다. 매일매일의 삶에서 적게 배출하면 된다. 요셉처럼, 야곱처럼, 미래를 내다보고 그동안 지구를 힘겹게 했던 행동을 멈추고 환하게 웃음 짓도록 적게 배출하면 된다. 그것만으로도 충분할 수 있다. 아니 그것이 오히려 주 하나님께서 우리를 데려다가 에덴동산에 두시며 '맡아서 돌보라' 하셨던 책임을 다하는 것이다. 날마다 지구 이웃으로 살아가는 기쁨이 삶에 넘치길 빈다.

- **날마다 지구 이웃으로 사는 법**
- 〈교통〉이 혼잡한 월요일 : 가까운 거리 걸어 다니기 / 자전거 타기 생활화하기 / 대중교통 이용하기 / 승용차 10부제 참여하기 / 서로 서로 카풀하기
- 불의 날, 화요일〈전기〉 : 쓰지 않는 기기 플러그 뽑기 / 적정한 실내온도 유지하기 / 냉장고 문 자주 여닫지 않기 / 꼭 필요한 TV프로그램만 보기 / 불필요한 컴퓨터 사용 자제하기
- 물의 날, 수요일〈물〉 : 물 아껴서 사용하기 / 불필요한 샤워 시간 줄이기 / 화장실 물탱크에 벽돌 넣기 / 세탁물은 모아서 세탁하기 / 모아진 빗물로 물주기
- 나무의 날, 목요일〈나무〉 : 나무 심고 가꾸기 / 화단, 상자텃밭 가꾸기 / 재생지 쓰고 이면지도 활용하기 / 종이컵 사용하기 않기
- 쇠의 날, 금요일〈소비〉 : 일회용품 사용하지 않기 / 분리수거 철저히

하기 / 초록(재활용)가게 자주 이용하기 / 친환경상품 사용하기 / 새 물건 사지 않기
- **흙의 날, 토요일〈흙〉** : 비닐봉지 대신 장바구니 활용하기 / 제철 음식 먹기 / 음식물쓰레기 줄이기 / 우리 농산물 애용하기
- **태양의 날, 일요일〈쉼〉** : 쉼을 통해 생명의 기운 품기 / 자녀들과 환경교육 하기 / 성도들과 환경실천 나누기

생활 속 유해물질을 줄이기 위한 건강교육

하나님께서 인간을 창조하신 후에 건넨 첫 말씀은 "생육하고 번성하여 땅에 충만하라"(창 1:26, 28)였다. 생육하고 번성하는 것은 우리를 향하신 하나님의 축복이자 동시에 명령인 것이다.

그런데 요즘 우리는, 오염이 날로 심해져, 받은 복을 누리기는커녕 명령을 준행한다는 것은 꿈조차 꾸기 힘들다. 몇 해 전 한 방송사가 내보낸 '환경의 역습' 프로그램을 보면, 우리 삶에 가장 기본적인 숨 쉬고 먹고, 자고, 이동하는 기본 생활이 얼마나 위험에 노출되어 있는지 분명하게 알 수 있다.

자동차, 도로, 건물로 넘쳐나는 현대인의 90%가 살고 있다는 도시의 공기의 경우 서울, 인천, 경기 등 수도권을 보면 미세먼지로 연간 1만 1천여 명 이상 조기 사망하고 있다고 보고되고 있다. 각종 먹을거리를 비롯해 의류와 침구, 벽지와 집안의 마감재, 화장품과 세제, 살충제와 플라스틱 제품, 전자제품, 의약품 등의 원료로 쓰이는 각종 화학물질이 인체에 심각한 해를 미친다는 증거들이 속속 제시되었다.

이들 화학물질이 몸 안으로 들어가면 성기능이나 생식기능, 면역기능을 파괴해 결국 종의 소멸(?)을 재촉할 수도 있다. 남자의 정자 수가 50년 전과 비교해 절반으로 줄어들고, 유방암·자궁암·전립선암 등 생식과 관련한 암 발생률이 눈에 띄게 늘어난 것을 보면 단순한 기우로 끝날 것 같지 않다.

생활 속 유해물질

우리 몸속에 들어오는 물질에는 몸의 생명활동에 도움이 되는 물질이 있는가 하면 그렇지 않은 것들도 있다. 때론 우리 몸속에 들어와서는 안 되는 물질도 들어간다. 그런 물질을 일컬어 우리는 '유해물질'이라고 부른다.

유해물질 중 그 피해가 큰 것은 인간의 손으로 합성되어 환경 속에 방출된 화학물질이다. 유해화학물질이 지금처럼 범람하게 된 것은 우리가 석유를 사용하면서부터의 일이다. 땅속에서 캐낸 원유는 휘발유로 만들기까지 여러 단계의 정제 과정을 거치는데, 이 때 다양한 화학물질들이 부산물로 생산되게 된다. 그 화학물질들이 그 자체로 쓰이거나 혹은 다른 것과 합성되어 또 다른 인공합성물질로 다양하게 쓰이게 된다.

합성섬유, 합성세제, 아스피린 등 의약품, 농약과 화학비료, 플라스틱을 이용한 각종 도구, 살균소독제, 방향제, 방부제, 각종 식품첨가물 등이 바로 거의 석유의 부산물과 인공적으로 합성한 것들이다.

이런 인공합성물질로 현재까지 개발되어 상표 등록된 것만도 현재 3천3백만 종이 넘는다. 미국에서는 8만여 종의 화학물질이, 일본에서는 6만여 종의 화학물질이 일상 생활용품의 원료로 쓰이고 있고, 매년 1천여 종 이상의 새로운 물질이 개발되어 현대 생활에서 쓰이고 있다. 우리나라에서는 4만여 종의 화학물질이 유통되고 있고, 매년 약 3백여 종이 새로이 출시되고 있는 형편이다.

이들 물질들은 우리도 모르는 사이에 음식이나 공기, 혹은 물을 통해 우리 몸속에 들어갔고, 그로 인해 많은 이들이 알레르기, 두통, 기억 감퇴, 어깨 결림, 피부병을 앓고 있다. 그런데 대부분의 사람들은 그다지 인정하지 않는 분위기다. 인정은 하더라도 이미 익숙해진 편리함을 포기할 수 없는 듯 여전히 모른 체하고 살아간다.

편리함의 대가, 화학물질 과민증

사실 이들 화학물질로 인해 우리는 상당한 편리함을 누려왔고 또 지금도 누리고 있다. 농사를 편하게 짓기 위해 사용해온 농약, 쓰레기 처리를 쉽게 해주는 소각, 각종 플라스틱과 비닐제품, 인스턴트식품 등. 이들 화학물질이 가져다준 편리함은 말로 다할 수 없다.

다만 생각해볼 것은 우리가 누린 편리함 때문에 수많은 생명이 크게 위협받고 있다는 점이다. 한순간의 편리함이 내어놓은 물질은, 사람들은 물론 '살아가야(生) 할' 명을 따라야 할 수많은 생명들이, 자신의 생명을 뿜낼 겨를도 없이 죽어가거나 살아 있더라도 건강한 모습을 유지하지 못하게 하고 말았다.

　농약, 식품첨가물, 천연가스, 중금속, 꽃가루, 기타 환경오염물질이 인체의 면역계에 영향을 주어 발생하는 새로운 질병을 앓고 있는 것인데, 현대의학으로는 쉽게 원인을 밝혀내기도 어려운 형편이라고 한다. 일상생활 속에서 아주 '미량'이지만 '장기간 반복'할 경우 나타나는 증상이어서 인과관계의 증명이 쉽지 않고, 특별하지 않은 증상일 경우 '무시'되기 일쑤이기 때문이다. 혹자는 이를 일컬어 '화학물질 과민증'이라고 말한다.

　문제는 현대인의 3분의 1 이상이 이 병에 걸려 있다고 할 만큼 화학물질이 우리 생활 깊숙이 들어와 있다는 것이다. 또 화학물질 중에는 맹독성이면서 몸 안에 축적되어도 분해되지 않거나 체외로 잘 배출되지 않는 게 많다는 점이다. 또 면역체계나 신경전달물질에 제멋대로 결합하여 몸 안의 면역질서를 뒤엉키게 하여 심각한 문제를 일으키는 물질이 생활 속에 많다는 것이다. 특별히 1ng(나노그램: 1g을 10억으로 나눈 양), 1pg(피코그램: 1g을 조로 나눈 양)으로도 우리 몸에 영향을 줄 수 있는 환경호르몬 물질들은 더욱 큰 문제가 아닐 수 없다.

'생육하고 번성'하지 못하게 하는 '가짜' 호르몬

　우리가 '생육하고 번성'해야 할 종족 보존 내지는 생(生)의 명령을 따르지 못하게 하는 것이 있으니 환경호르몬 물질이다. 환경호르몬의 원래 명칭은 '내분비계 장애물질'(Endocrine Disrupting Chemicals)로 인간이 만들어낸 화학물질에서 나오는 가짜 호르몬이다. 뇌의 정보를 전달

받아 성장에 관여하거나 분비기관을 조절하고 몸의 항상성을 유지하는 정상 호르몬의 자리를 차지하고는 진짜 호르몬의 활동을 방해하는 가짜 호르몬이다.

현재 내분비계 장애를 일으키는 것으로 추정되는 물질로는, 각종 산업용 화학물질(원료물질), 살충제 및 제초제 등의 농약류, 유기중금속류, 다이옥신류, 식물에 존재하는 식물성 에스트로젠(phytoestrogen) 등의 호르몬 유사물질, 임산부의 유산방지제로 사용된 DES(Diethyl-stilbestrol)과 같은 의약품 등 합성 에스트로젠류 및 기타 식품, 식품첨가물 등이 있다. 현재 세계생태보전기금(WWF) 목록에는 67종의 화학물질이 등재되어 있으며, 일본 후생성은 산업용 화학물질, 의약품, 식품첨가물 등의 142종의 물질을 내분비계장애물질로 분류해놓고 따로 관리하고 있다.

이들 물질이 먹이사슬을 통해 체내에 들어가면 극히 적은 양으로도 진짜 호르몬 행세를 하는데, 폴리클로리네이티드비페닐(PCBs)과 같은 유기염소계 화합물들은 새들에 있어서 생식과정을 변화시키고 암수의 역할을 뒤바꾸기도 했다. 미국 플로리다의 아포프카 호(湖)에서는 유기염소계 살충제로 인해 수컷 악어의 생식기가 심하게 변형돼 번식이 불가능해지기도 했다.

사람들의 경우도 마찬가지인데, 일반적으로 여성화를 촉진시켜 여성의 경우 성조숙증에 시달리게 하고 남성의 경우는 정자 수를 감소시키고 있다고 보도되고 있다. 보고에 따르면 1990년대의 남성의 정자 수가 1940년대보다 절반 정도 감소하여 불임률이 높아지고 있다고 한다. 또한 질암, 정소암, 고환암 등 생식기 관련 질병이 많아지고 있으며, 그 외에도 신경기능 장애, 발암성, 면역력 저하로 인해 아토피, 천식, 비염 등의 문제가 날로 심각해지고 있다는 보고가 일반적이다.

환경호르몬의 유입 과정

환경호르몬에 노출되는 근본적인 원천은 폐기물 소각장, 화학공장, 그리고 음식물의 잔류 농약 등이다. 산업시설에 의해 배출된 화학물질이 먼저 대기, 수질, 토양 등의 환경을 오염시키고 다음으로 오염물질이 물고기, 축산물 등 생물체에 축적된 다음 최종적으로 사람이 소비하는 여러 음식이나 물건들을 통하여 우리 몸속으로 들어오는 것이다. 그 과정을 환경호르몬의 한 가지인 다이옥신을 예로 설명하면 다음과 같이 간단히 도식화할 수 있다.

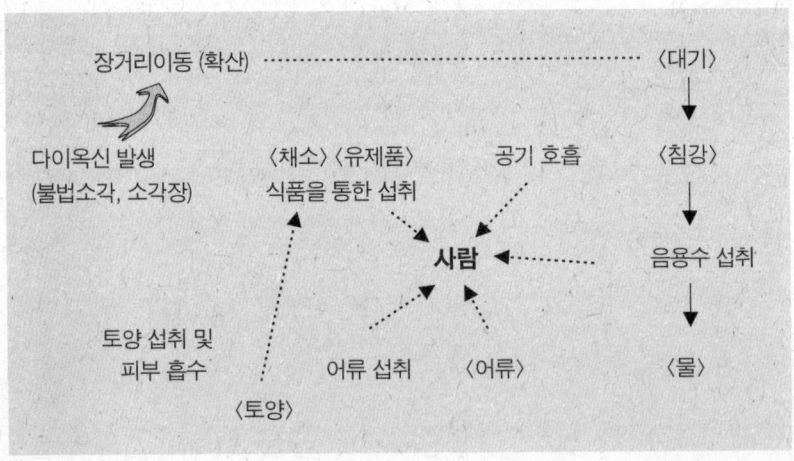

문제는 이들 환경호르몬을 일상생활에서 너무 쉽게 접하게 된다는 것이다. 화장품, 샴푸, 세제, 비닐 및 플라스틱용기, 목재가구 등의 일상

소모품, 음식물에 들어있는 농약과 식품첨가물, 그리고 자동차에서 내뿜는 유독물질에 이르기까지 어느 것 하나 포함되어 있지 않은 것이 없다.

우선 주된 생활공간인 집을 봐도, 거실과 침실에서는 화장품, 헤어스프레이, 무스, 향수, 의약품 등 대표적인 화학제품을 접할 수 있다. 욕실에선 세탁용 세제, 빨래비누, 표백제, 샴푸, 린스 등을 접할 수 있다. 또 주방에서는 비닐과 랩, 플라스틱, 통조림 캔에 합성세제는 물론 수도 없이 많은 식품첨가물들을 접하게 된다. 한번 발생된 환경호르몬은 잘 분해되지 않아 자연계에 오랜 기간 머물 뿐 아니라 다른 지역으로 쉽게 확산되고, 몸 안에서도 잘 분해되지 않고 축적되는데, 이토록 일상생활 깊숙이 들어와 있으니 문제가 아닐 수 없다.

유해물질에 가장 취약한 시기, 어린이

여기서 우리가 눈여겨볼 것은 이들 물질에 대한 노출되는 시기다. 환경호르몬은 성장 설계에 영향을 주기에 노출시기가 중요한데, 어린이, 특히 뱃속 태아 때 가장 취약하다.

어린이들이 취약한 이유는, 우선 성장과 발달의 빠른 변화를 겪는 등 아직 몸이 미성숙했기 때문이다. 또 성인보다 체중 대비 숨을 빠르게 여러 번 쉬고, 많이 먹고 마시기에 공기, 물, 음식에 있는 화학물질에 더 많이 노출될 수밖에 없다. 그리고 어린이들은 실외에서 많이 지내고, 살충제나 중금속과 같은 화학물질이 많이 들어 있을 수 있는 흙이나 장난감 등을 많이 가지고 놀기 때문에 당연히 그럴 수밖에 없다. 더구나 어린이들은 손과 닿는 물건마다 입에 대는 습관이 있어 화학물질의 섭취가 더 용이하다. 실내에서도 위험하기는 마찬가지인데, 무엇보다도 이들 물질의 잠재적 위협을 알지 못하기에 위험한 상황에서 제대로 피하지 못한다는 데 심각성이 있다.

미국 캘리포니아 지역에서는 매년 1만 2천~1만 7천 명이 집이나 정원에서 사용하는 살충제에 중독돼 병원으로 실려 갔었는데, 그 가운데 절반 이상이 6세 이하의 어린이였다고 한다. 유럽에서는 납, 수은 및 화학물질의 영향으로 10%의 신생아가 정신적·육체적 장애가 있다는 보고가 있다.

태아의 경우는 더욱 심각하다. 한때 유산 방지를 위해 미국 등에서 임산부에게 처방했던 합성호르몬인 디에틸스틸베스트롤(DES)은 태어난 여아들 대부분을 자궁기형으로 태어나게 하고 말았다. 산모가 흡수한 유해물질은 결국 태아의 혈액 속으로 전달되는데, 어떤 화학물질은 산모와 태아에서 동일한 농도로 나타나지만 때론 태아에게 훨씬 높은 수치가 나오기도 한다. 대표적인 예가 수은인데, 지난 1950년대 일본에서 나타난 미나마타병, 즉 유기수은 중독사고의 경우를 보면 성인들보다 어린이들의 피해가 훨씬 심각했다.

환경호르몬에서 자유하기

그러고 보면, 어린이들을 염두에 두고 환경문제를 해결해가는 것이 어떨까 싶다. 그렇게 할 수 있다면, 유해물질의 문제는 물론이거니와 여타 다른 환경문제들도 자연스럽게 해결될지도 모를 일이다. 환경문제의 해결을 위해 노력하는 이유가 미래 세대를 건강하고 안전하게 지키자는 데 있으니 당연히 어린이들이 겪고 있는, 혹은 겪게 될 특수한 환경문제에 집중적인 관심을 기울이고 그를 최우선의 과제로 삼고 해결해가는 것이 마땅하다.

그래서 미국은 건강과 생활로부터 어린이 건강보호를 위해 대통령 직속의 전담기구를 두어 관리하는 것이요, 일본, 유럽 등의 선진국에서도 특히 어린이의 건강보호를 위해 대규모의 연구와 프로그램을 운용하고 있는 것이다. 우리나라 역시 2006년부터 정부 차원의 어린이 건강보호를 위한 환경보건정책을 추진하기 시작했다. 다소 늦은 감은 있지만, 늦은 만큼 더 열심을 내어 시행해갈 수만 한다면 어린이들에게 온전한 지구를 물려주는 것은 불가능한 일만은 아닐 것이다.

이제라도 '생육하고 번성하라'신 하나님의 축복의 명령을 마음에 새기고 지속적으로 이행하기 위해 힘 있게 노력할 일이다. 그러기 위해서는 우선 우리 생활 속 깊숙이 들어와 있는 유해물질을 스스로 살필 수 있도록 교육하는 것이 필수적이다. 요즘처럼 중국발 멜라민 파동과 '석면' 베이비파우더 등을 비롯해 여기저기서 유해물질에 관한 충격적인 소식이 끊이지 않을 때는, 우리가 입게 될 피해를 염려해 불안해하고 있을 것이 아니라 더더욱 힘써 교육함으로 그에서 자유로울 수 있도록 해야 할 것이다.

생태건강, 유해물질 줄이기 교육, 이렇게

다음 교육활동을 통해, 우리는 사용하고 있는 물건 대부분에 유해물질이 포함되어 있음을 알게 될 것이다. 그동안 생각 없이 사용해왔더라도 이번 기회에 이들 물질들이 우리 몸에 들어와 어떤 영향을 미치는지 알아내고, 건강하려면 어떻게 대처해야 하는지 그 방법을 찾아보자. 필요하다면, 정부로 하여금 근본적 대책을 세우도록 요구도 하고, 또 가정이라는 작은 울타리에서 벗어나 지역 사회나 국가, 더 나아가서는 지구 전체의 환경문제까지 관심을 기울여도 좋을 것이다.

다만 교육하기에 앞서 유의할 점은, 유해화학물질이 다소 어려운 듯하여 어른들을 대상으로만 교육해서는 안 된다는 어린이들도 이 교육에 반드시 함께할 수 있도록 해야 할 것이다. 어린이들의 경우 당장 어른들처럼 큰 역할을 하지는 못하겠지만, 다양한 정보를 주고 능력을 개발해 주면, 또 용기를 북돋운다면 그들 스스로 자신이 살아가야 할 지구 환경을 지키고 돌보는 데 제 몫을 할 수 있을 것이다.

- **신앙교육**
  1. '생육하고 번성하라' 성구명상 : 창 1:22, 28; 8:17; 9:1, 7; 47:27, 48:4; 출 1:7; 사 23:4; 렘 23:3; 히 11:12
  2. 생명을 위한 기도문 쓰기
     * '생명'(生命)의 사전풀이 - 살아서 숨 쉬고 활동할 수 있게 하는 힘, 앞으로 사람으로 태어날 존재, 동물과 식물 곧 생물로서 살아 있게 하는 힘

- **특별활동**
  1. 영상 보기 : '집이 사람을 공격 한다'(환경의 역습, 2004 SBS 다큐멘터리), '우리 아이들이 위험하다'(환경호르몬의 습격1,2부, 2006 SBS스페셜)

2. 생활 속 유해물질 찾기

   (숨어 있는 환경호르몬을 찾아라 - 집, 교회학교)

3. 나만의 생활수칙 만들기(이것만은 꼭 지키자)

4. 환경호르몬의 피해사례 조사(사진 및 신문기사), 발표

5. 독서모임(침묵의 봄, 도둑맞은 미래, 환경호르몬의 반격, 환경호르몬 제대로 알고 확실히 피해가는 법, 위대한 속임수 식품첨가물, 하린맘의 친환경 살림법 등)

6. 초록DIY (전 장의 '생태적 삶을 위한 생활영성수련' 참고)

* 어린이 환경과 건강포털 케미스트리http://www.chemistory.go.kr에 가면, 집은 물론 놀이방, 유치원, 놀이터, 학교, 공공장소에 있는 유해화학물질의 종류와 그 피해를 구체적으로 점검할 수 있도록 도와줄 것이다.

환경호르몬, 희망의 충언

다행히 요즘 이러한 물질들이 우리 일상 속 깊숙이 들어와 있는 것을 알고 이를 피하기 위해 애쓰는 이들이 에코맘(eco-mom)들을 비롯한 다양한 로하스(LOHAS, Lifestyle Of Health And Sustainability)족들이 늘고 있다. 아무 거리낌 없이 밥상에 올리던 가공식품만 봐도 에코맘들의 노력으로 전체 사용량이 상당량 줄었다.

하지만 아이들 간식 사용량 전체 중 61%가 가공식품이라고 보고되는 것을 볼 때, 여전히 우리는 '생육하고 번성'해야 할 축복된 명령을

저버리고 있다. 미래 세대가 건강하게 잘 살아갈 수 있는 환경을 마련해 주는 것을 지극히 당연히 여기면서도, 유해화학물질을 합성해내고 이를 지구환경에 마구 흩뿌려 자신은 물론 어린이, 즉 미래 세대까지 위협하는 자기모순에 갈수록 깊이 빠져들고 있는 형국이다. 근시안적 이기심 때문이다.

그러한 우리를 측은히 바라보시며, 하나님께서는 지금 우리에게 다소 불편하더라도 '풍요와 편리함'을 좇을 것이 아니라 '생명길 좁은문으로 걸으라'고 희망의 충언을 건네신다. 어쩌면 지금의 환경호르몬의 위협은 하나님이 마지막으로 인간들에게 보이시는 경고의 메시지일지도 모른다.

지금 우리는 선택의 기로에 서 있다. '생명과 복'이냐 '죽음과 화'냐 하는 양자택일 앞에서 말이다(신 30:15). 환경호르몬은 지금 우리에게 모든 생명이 '생육하고 번성'하게 하는 생명(生命)의 삶과, 계속해서 재앙으로 미끄러지는 죽음(死亡)의 삶 사이에서 택일을 요구하고 있다.

우리가 지금 내리는 결정에 따라서 소중한 유산이 자손에게 고스란히 전수될 수도, 지상의 풍요로운 생산력이 돌이킬 수 없이 파괴될 수도 있을 것이다. '생명과 복'을 확보하는 일이야말로 이 세대 기독교인들의 신앙적 임무일진대, 이제라도 하나님만을 섬기며 빛으로 나가는 삶, 곧 단순하고 근검절약하는 삶을 살도록 힘써야 할 것이다. 우리가 그러한 삶을 선택하고 실천하여야만 환경호르몬으로부터 자신을 보호하고 우리 미래의 아이들에게 하나님이 보시기에 좋은 세상을 물려줄 수 있다.

흙과 함께
생명을 살리는 교육

내 기억 속의 '흙'

2000년 들어서의 일로 기억한다. "흙에서 왔으니 흙으로 돌아가라"(창 3:19)는 말씀을 받으며 성찬에 참여했던 적이 있다. 재의 수요일이었는데, 모태신앙에다 신학까지 공부했지만 사순절에 특별한 의미를 두고 지낸 기억이 별로 없어 성공회대성당을 찾았던 것이다. 신부님은 재를 찍어 이마에 발라주며 "사람은 흙에서 왔으니 흙으로 돌아갈 것을 기억하시오"라고 권고하셨다. 당시 흙에서 생명운동의 실마리를 풀어가고 있던 내겐 그 말씀이 특별하게 받아들여졌다.

사순절이 시작되는 봄이면, 나는 주말농장에서 씨앗을 뿌리기 위해 땅을 헤집었다. 처음엔 나와 우리 가족의 먹을거리를 의식하면서 땅을 헤집었지만 계속되는 흙과의 만남은 다른 그 무엇을 느끼게 했다. 흙을 만지면 만질수록 흙은 반갑다고 악수를 받아주었고, 개미와 지렁이, 굼벵이와 각종 벌레 등 흙 속 친구들은 내 감각이나 머리로는 도저히 감지할 수 없는 신비로운 생명의 세계로 초대해주었다.

그러는 가운데 나는 흙과 한 몸임을 실감할 수 있었다. 깨닫는 동안 흙 속에 뿌려진 씨앗은 싹을 내밀고, 비를 맞고 햇빛을 반기며, 잎이 자라고 줄기가 뻗어 꽃을 피우고, 열매를 맺었다. 제가 받은 생명을 맘껏 자랑하며 사는 모습이 참 보기 좋았다. 게다가 내겐 맑은 공기와 초록의 향기도 내뿜어주었다. 땅 속 생명의 기운을 땅 위로 이끌어내는 그 모습이란 참으로 아름답고 행복해보였다. 더구나 그토록 건강한 생명이 사랑의 희생을 통해 내게 먹힐 땐 '자연의 원리, 하나님 창조의 섭리에 따라 내 삶을 바꿔야겠다'는 생각이 절로 들기도 했다. 흙이, 그리고 흙이 낸 식물이 나의 생각과 삶을 바꾼 순간이릴까.

하지만 여전히 흙은 내게 미지의 세계다. 지구상에 살고 있는 수많은 생명들이 그렇듯이, 창조의 재료였던 흙은 그저 신비롭기만 하다.

살아 숨 쉬는 흙

우리는 흙과 떼려야 뗄 수 없는 관계에 있다. 흙으로 빚어져 오늘날까지 흙과 함께 살아왔고 또 앞으로도 그렇게 살아갈 것이다. 물론 죽어서도 흙으로 돌아간다는 것은 누구나 다 아는 사실이다. 이토록 가까이 있는 흙인데, 나는 흙에 대해 이야기하는 것이 왠지 어색하다. 도시에서 나고 자란 탓일 게다. 작지만 나의 삶을 일깨운 흙과의 만남이 있었고, 진심으로 흙을 일구고 있는 이들과의 교제, 그리고 자연 다큐가 전해준 흙 이야기가 있기에 그에 기대어 글을 잇는다.

소중한 만남에서 내가 얻은 교훈은, "지금의 생태계 위기가 창조의 근거인 흙에서 분리된 것에서, 그리고 그를 파괴하고 약탈한 것에서 비롯된 것이니 다시 흙에서 출발해야 한다"는 것이다.

다행스럽게도 흙은 아직 살아있다. 흙이 살아있다는 것은 흙 자체가 살아 숨 쉰다기보다 흙 속에 살고 있는 수많은 생물이 숨을 쉰다는 것이다. 꽃삽 한 삽의 흙 속에는 지구상에 사는 사람들보다 훨씬 더 많은 수의 토양 생물이 살고 있다고 한다.

자연 다큐멘터리 '흙'을 보면, 흙 안에 있는 다양한 세상을 볼 수 있다.

"건강한 흙 1g에는 1~2억의 생물들이 산다. 포유류인 두더지를 비롯하여 지렁이, 땅강아지, 톡토기, 다지류, 패각류, 거미류, 원생동물, 세균과 곰팡이류에 이르기까지, 생활사의 전부를 흙 속에서 보내는 생물과 성장 과정에서 일시적으로 흙에서 생활하는 생물까지 합한다면 대다수의 생물이 흙과 함께 살아간다.

이러한 생물 중에는 눈에 보이지 않지만 지구상의 모든 생명체들의 생(生)과 사(死)의 열쇠를 쥐고 있는 것이 있는데, 미생물인 세균과 곰팡이다. 미생물은 어디에나 존재하지만 흙은 수많은 종류가 살아가기에 가장 적합한 삶의 터다. 적절한 온도와 습도, 그리고 먹잇감만 있으면 이들은 급속도로 번식한다. 이들은 분해물질인 효소를 분비하여 대부분의 유기체를 원소 형태로 분해하여 흙으로 돌려보낸다. 스스로 유기물을 흡수하지 못하는 식물은 미생물이 분해한 무기원소를 물과 함께 흡수하여 살아간다.

미생물이 없다면 식물은 생존이 불가능하다. 따라서 식물은 미생물을 관리한다. 광합성으로 합성한 양분의 절반가량을 뿌리를 통해 방출하여 미생물에게 먹이를 제공한다. 식물은 태양에너지를 미생물에게 제공하고 미생물은 무기원소를 식물에게 공급하며 천연항생물질을 방출, 뿌리를 보호하여 공생하는 것이다. 특히 내생균근인 마이콜리자는 뿌리 속에 침투하여 뿌리의 일부처럼 살면서 뿌리가 도달할 수 없는 좁은 흙의 공극을 파고 들어가 양분을 빨아올려 식물에게 공급한다."

생명력을 잃어가는 흙

"분명하고 훌륭한 한 가지 소망을 가지고 땅 속에서 살아왔어요. 바로 흙에 생명을 불어넣고, 숨 쉬게 하고, 영양분을 만들어 주는 것이지요. 그래야 모든 식물이 잘 자랄 수 있으니까요. 19세기 말까지는 그런 활동을 계속할 수 있었어요. 그 때만 해도 인간이 흙에서 생명을 빼앗아가지 않았으니까요. 하지만 100여 년 동안 인간은 엄청난 화학약품과 인공비료와 독약을 땅에 퍼부었어요. 이유는 흙을 기름지게 하고 해충을 없앤다는 것이었죠. 결과는 정말 끔찍합니다. 화학약품 때문에 우리 지렁이 수는 상상할 수 없게 줄어들었어요. 수백만 마리가 떼죽음을 당했지요. 이모, 고모, 삼촌, 친구와 먼 친척까지 엄청나게 죽었어요. 모두 농부들의 그릇된 생각 탓이에요. 우리는 화학약품에 오염된 흙에서 더 이상 살 수가 없답니다."

- 『지구를 구한 꿈틀이 사우루스』(캐런 드래퍼드 지음) 중에서

안타깝게도 이같이 소중한 흙(땅)이 소리 없이 병들어 죽어가고 있

다. 흙이 죽는다는 것은 흙 속에 살고 있는 수많은 생명들의 죽음을 의미한다. 땅이 병들다보니 땅속 생물도 떠나고, 땅이 농약, 화학비료, 제초제 그리고 비닐과 거대한 기계로 경작되다보니 점점 더 심한 중병을 앓게 되었다. 더구나 유기물 함량은 부족해져 생산력은 더욱 떨어지고, 생명력 저하로 병해충도 날로 심각해져만 가고 있다. 한마디로 생명력을 잃어 버렸다.

물론 생명력을 잃어가는 것은 농사짓는 농토만이 아니다. 국토 전체가 여러 가지 모양으로 생명력을 잃어가고 있다. 자동차, 공장, 시멘트 등은 물론 소각장에 이르기까지 일상생활로 나오는 중금속과 합성화학물질들이 땅을 오염시키고, 자동차 매연 등 대기오염으로 인해 내리는 산성비에다, 산과 들, 온 국토를 파헤쳐 거미줄 모양으로 수놓고 있는 도로와 도시의 고층아파트 등은 시멘트, 아스팔트로 많은 땅을 뒤덮어 풀 한포기 자라지 않는 곳으로 만들어놓았다. 물론 아직도 그곳에는 거친 숨을 몰아쉬고는 있지만 숨 쉬며 살고 있는 생명들은 있다. 병들어 신음하면서 자신의 죽음과 땅의 죽음, 그리고 밥의 죽음을 안타까워하며, 우리에게 위험신호를 하면서 말이다.

잃어버린 '흙'에 한 발짝 다가서기

요즘 사람들은 애써 흙 없이 살아가려고 한다. 옷이나 신발에 조금이라도 흙이 묻을까 염려하고, 묻으면 애써 떨어낸다. 딱딱한 아스팔트나 시멘트 바닥, 회색 콘크리트에 둘러싸여 흙과는 거리가 먼 생활을 하고 있으니 무리랄 것도 없다. 도시 어디를 가도 흙을 보기가 쉽지 않다.

큰 맘 먹고 가까운 산이나 공원에 나가야 흙을 만날 수 있을 뿐이다.

문제는 여기서 그치지 않는다. 주변의 흙만 사라진 것이 아니라 삶의 필요를 채워주던 것들도 흙 아닌 다른 것으로 대체되었다. 흙에서 직접 온 먹을거리보다는 가공식품을 즐기고, 흙으로 빚어진 그릇보다는 석유로 만들어진 플라스틱 용기를 즐겨 쓰고 있다. 또 생명의 기운이 아닌 사람을 공격하는 물질을 내뿜는 공간에서 일상의 생활을 하고 있다.

더 늦기 전에 '흙'이 우리에게 어떤 존재인지 살피고, 일상의 삶에서 잃어버린 것이 무엇인지 기억해내보자. 떠올릴 '흙'에 대한 기억이 없다면, 지금이라도 가까운 숲에 들어가 숲속 흙을 맨발로 느껴보라.

숲속 흙을 발로 밟고, 손으로 만져보고, 흙냄새도 맡아보라. 땅의 기운이 느껴질 것이다. 부드럽고 포근한 느낌과 함께, 사람을 흙으로 빚으신 후 숨을 불어넣으셨던 하나님의 숨결까지 느낄 수 있다면 더 없이 좋을 것이다. 또 숲 바닥에 떨어진 낙엽을 살짝 들춰보라. 깜작 놀라 꼬물거리는 작은 벌레들의 아우성을 느껴보라. 내친 김에 흙도 살짝 파보라. 눈에 보이지 않던 땅속 세상의 소동물들이 모습을 드러낸다. 흙이 건강해야 땅속 생물들이 다양하게 잘 살고, 나무도 잘 자라며, 그에 의존해 있는 땅위 생물들도 잘 살 수 있을 것이다.

- 성서의 '흙' 묵상
  - 하나님이 뭍을 땅이라 부르시고 모인 물을 바다라 부르시니 하나님이 보시기에 좋았더라.(창 1:10)
  - 너는 흙이니 흙으로 돌아갈 것이니라.(창 3:19)
  - 일곱째 해에는 그 땅이 쉬어 안식하게 할지니 여호와께 대한 안식이라.(레 25:3-4)

- 토지를 영구히 팔지 말 것은 토지는 다 내 것임이니라.(레 25:23)
- 너희가 원수의 땅에 살 동안에 너희의 본토가 황무할 것이므로 땅이 안식을 누릴 것이라 그 때에 땅이 안식을 누리리니……(레 26:34-35)
- 보라 여호와께서 땅을 공허하게 하시며 황폐하게 하시며 지면을 뒤집어엎으시고 그 주민을 흩으시리니……(사 24:1)
- 너희를 기름진 땅에 인도하여 그것의 열매와 그것의 아름다운 것을 먹게 하였거늘 너희가 이리로 들어와서는 내 땅을 더럽히고……(렘 2:7)

- 오감으로 '흙' 체험

평소 흙을 멀리했다면 흙을 만지면서 하나님이 만드신 자신의 모습을 생각해보는 것만으로도 좋은 가르침이 된다. 특별히 숲이나 산, 강과 바다, 갯벌 등으로 수련회를 떠났다면 1) 맨발로 땅 밟아보기, 2) 흙의 특징 비교해보기, 3) 흙 속에 사는 생물 만나보기, 4) 흙 위에서 함께 놀아보기 등으로 더욱 흙의 기운, 하나님의 창조의 기운을 느껴볼 만하다.

- 영상과 책으로 보는 '흙'
    - [영상] EBS 자연다큐멘타리 '흙'(2005년 방영)
    - [영상] EBS 하나뿐인 지구 '논에서 생명을 만나다'(2005년 방영)
    - [책] 『똥 살리기 땅 살리기』(조셉 젠킨스, 녹색평론사)
    - [책] 『흙 속의 작은 우주』(헬빈 실버스타인 외, 사계절)
    - [책] 『흙: 함께 숨쉬는 생명들의 희노애락』(EBS 흙제작팀, 낮은산)

축복, 흙과 더불어 사는 삶

우리가 흙과 함께하는 것. 그것은 바로 하나님의 복을 온전히 누리는 삶이다. 그렇다고 지금 농촌으로 내려가 흙을 지키고 농사를 지으라는 이야기는 아니다. 그렇게 할 수 있다면 더없이 좋겠지만, 모두가 귀농할 수도 없는 일이다.

비록 도시에 살아도 흙을 가꾸며 농사를 짓는 도시농부의 길을 걷는 이들이 있다. 농사를 짓지는 않더라도 도시를 푸르게 하며 살아 있는 흙과 함께할 수 있는 길을 찾는 이들이 있다. 우리 모두가 그 길을 걸으며, 땅의 생명력을 되찾아주고, 잃어버린 창조 때의 '흙'에 대한 기억도 되살려 건강한 삶을 살아낼 수 있기를 희망한다.

유기농과 도시농사

흙을 살리기 위해서는 우선 지금의 관행농을 유기농으로 전환하는 것이 급선무다. 그러면 도시에서 살고 있는 우리는 할 일이 없는가. 아니다. 도시에서도 농사를 통해 흙을 살릴 수 있다. 교회 안에 '도시농사위원회'를 두고 다음과 같은 실천으로 흙을 살리고 멀어졌던 흙과의 거리를 좁혀보자.

- **주말농장** : 도시 아이들에게 주말농장은 책과 그림으로만 보아왔던 생명의 신비함과 수확의 즐거움을, 그리고 흙이 더러운 게 아니라 생명을 자라도록 만드는 고마운 존재임을 일깨워줄 것이다. 우리나라에도 도시농사의 싹이 자라고 있지만, 흙의 소중함을 알고 최상의 상태로 지키고자 노력한 두 나라의 예는 우리가 본받을 만하다. 우선

독일을 보면, 도시를 구성하는 필수요소가 텃밭이다. 8가구에 1개씩 반드시 만들게 되어 있는 '클라인가르텔'은 도시텃밭으로서, 그곳에서 먹을거리를 자급할 뿐 아니라 친목을 도모하고 공동체도 형성한다. 쿠바의 경우는 국가적으로 농업을 1순위로 두면서 도시에 사는 이들도 농사를 짓는다. 흙이 부족하면 상자에 흙을 담아 짓는데, 국가에서는 도시에서 농사짓는 사람들을 위해 양질의 흙을 공급하고 농사기술도 가르쳐준다.

- **상자텃밭** : 작은 채소밭을 가꾸고 싶어도 공간이 없고, 마땅한 흙도 구하기 힘든 이라면 해봄직하다. 작은 상자 안에 생명의 비밀이 숨쉬고 있고, 우리의 작은 노력이 도시의 생명을 살리는 것을 알게 되면 삶에 기쁨이 가득할 것이다. (농사법 등은 텃밭보급소 cafe.daum.net/gardeningmentor 참조).

거름 만들기

버려지는 것은 보기에 따라 '쓰레기'가 될 수도 있고, '자원'이 될 수도 있다. 지렁이와 EM 발효액은 우리가 '음식쓰레기'라 일컫는 것들을 '자원'으로 바꾸어준다. 조금만 관심을 기울이면 우리가 버리는 음식물쓰레기를 양질의 토양자원으로 만들 수 있다. 지렁이와 EM으로 음식물쓰레기도 줄이고, 이들이 만들어준 좋은 흙으로 생명이 건강하게 자라는 모습을 보면 '생명이 생명을 살린다'는 말을 실감할 수 있을 것이다.

- **지렁이 화분** : 지렁이는 흙을 헤집고 다니며 채소껍질, 과일껍질을 먹고 분변토라는 기특한 거름을 만들어 기름진 땅을 만들고, 흙이

숨을 쉴 수 있도록 도와주어 식물이 뿌리를 내리기 적합한 환경을 만들어준다. 실제로 지렁이가 살고 있는 땅은 많이는 연간 10cm까지 높이의 변화율이 나타난다.

- 분변토나 흙은 화분에 넣고 수분을 맞추어 적당량의 지렁이를 화분에 넣는다(적정온도는 15~25도, 습도는 60% 정도).
- 지렁이의 양은 흙과 대비하여 약 1/2, 1/3 정도로 적정한 양을 넣어준다.
- 지렁이를 화분에 넣어주고 물을 뿌려준 다음 덮개를 덮어 빛을 가려준다.
- 2~3일간 음식물을 넣지 않고 관찰한 다음 지렁이가 죽지 않고 생존하여 있으면 지렁이가 잘 적응한 것으로 보고 좋아하는 채소나 과일껍질을 소량 넣어준다(짠 음식은 금물).
- 지렁이가 먹이를 먹고 잘 서식하면 먹이의 양을 조금씩 늘려 나간다(지렁이는 자기 체중만큼 먹는다).

- **EM(유용한 미생물군)을 이용한 음식물쓰레기 퇴비화 :**
  - EM 발효제 만들기(교육교회 2009년 2월호 '물사랑교육' 참조)
  - 음식물쓰레기 처리 양동이 안에 엎어둔 그릇 위에 신문지를 펼쳐 발효제 층을 만든다.
  - 처리 양동이에 음식물쓰레기를 EM 발효제가 구석구석까지 붙도록 섞어 넣고 눌러서 공기를 뽑아낸다. 여기서 나오는 발효액은 빼낸다.
  - 용기가 3/4 정도 차면 직사광선을 피하고 밀폐해 1~2주 정도 발효시킨다.

교회숲 가꾸기

세상은 본래 동산(숲)으로 만들어졌다. 동산에는 아름답고 먹기에 좋은 나무도 있었고, 물도 충분했으며, 새가 하늘을 날고 많은 생명체들이 있었다. 흙, 곧 좋은 땅이 있었기에 가능한 일이었다.

지금까지 교회가 흙에 뿌리내리고 있는 나무와 풀꽃보다 콘크리트 위주였다면, 이제부터라도 교회를 푸르게 함으로 세상을 푸르게 해볼 일이다. 교회 담장을 헐고 생울타리를 만들거나 옥상에 하늘공원을 만들고, 또 주차장 한편에 녹색쉼터를 만드는 등 교회 안팎으로 나무를 심어보자. 그러면 멀어졌던 흙과의 관계가 회복될 것이고 멀리 도망갔던 다른 생명체들도 함께 살자고 초청하는 우리의 손짓에 환하게 웃으며 돌아올 것이다. 나무들은 봄, 여름, 가을, 겨울을 변화하면서 공기를 맑게 해줄 것이고, 사람들은 심신이 평안해질 것이다.

아무리 아름다워도 건물은 하나님이 창조하신 살아있는 한 그루의 나무만 못하다. 교회가 적절한 크기와 모양의 나무와 함께 어우러질 때 처음 동산의 아름다움은 되살아날 것이다. 성도들은 자연과 더불어 살아가야 하는 창조신앙을 회복할 것이고, 신음하는 자연과 더불어 온전한 구원에 이르게 될 것이다.

생명을 위한 길

"농사짓고 나무를 심는 흙 만지는 일은 적어도 세 가지는 아닙니다. 돈이 되는 일이 아니고 하루아침 되는 일이 아니고 폼 나는 일이 아닙니다. 그래서 전혀 인기를 얻지 못합니다. 그러나 분명한 것은 생명을 위한 일이며 인간이 인간다운 품성을 가지게 하는 일이며 자연에 대한 청지기로서 책임을 다하게 하는 일입니다."

- 이주연의 『산마루소식』 중에서

창조의 근거가 되었던 '흙', '흙'은 병든 생명을 근본적으로 치유할 수 있는 힘을 가지고 있다. 양계장의 병든 닭들도 야산에 풀어놓으면 몇 달 뒤면 정상으로 돌아온다고 한다. 이것은 흙으로 만들어진 생명이 흙을 통해 치유를 얻을 수 있음을 보여주는 예라 할 것이다.

흙을 살리고 개울을 살리며 풀벌레와 어울리는 상생(相生)의 삶을 선택하자. 우선 교회 내 자그마한 귀퉁이라도 좋고, 근교에 있는 농장이나 농촌실습지라도 좋으니 아이들이 호미와 괭이를 들고 흙을 만지며 땀을 흘리게 해볼 일이다. 그러면 자연을 이용하기를 꿀벌이 꽃가루를 채집하듯, 하는 방법을 배울 수 있을 것이다. 꿀벌은 꽃의 아름다움이나 향기를 다치는 일 없이 자연을 이용한다. 자연의 풍요로움이나 아름다움을 오염시키지 않고 자연의 회복력을 빼앗지 않는다. 이 길은 불편하지만 함께 나누는 생활양식을 선택하는 것이므로 십자가를 선택하는 것과 같다. 십자가를 지고 세상 만물을 구원하신 그리스도의 뜻이 여기 있으리라.

창조동산을 살리는 '녹색교회' 교육

　우리는 날마다 숨 쉬며 살아간다. 우리는 숨을 통해 하나님의 영이 들어옴으로 온전케 되며 생명의 기운을 얻는다. 또 하나님이 만드신 생명들은 모두 함께 숨을 나눈다. 그들 모두가 하나의 숨을 나누며 살고 있는 것이다.

　그런데 지금 우리의 숨이 다른 생명의 생존을 위협하고 있다. 태평양의 조그만 섬나라들은 지구상에서 사라져가고 있다. 불과 해발 2미터의 투발루는 이미 그곳에 살고 있던 많은 생명체들이 바닷물에 잠겨버렸다. 그곳에 살고 있었던 1만여 명의 국민은 이웃 나라들로 삶의 터전을 옮겼고, 또 옮기고 있다. 우리가 가정과 공장, 직장에서 쓸 수 있는 양 이상으로 소비하여 이산화탄소 등 온실가스가 지나치게 방출되었고, 그로 지구가 뜨겁게 달궈지고 해수면이 상승되었기 때문이다. 한 조사에 의하면, '자연에 대한 초과 소비의 날'이 매년 4~6일 정도씩 앞당겨지고 있다고 한다(2009년 올해는 9월 25일이었음. 지구가 1년 동안 생산 가능한 생태용량을 결정하고, 이를 생태발자국, 즉 소비에 사용하는 자원을 생산하고 폐기물 흡수에 소요되는 생태용량과 비교 산출).

이같이 창조동산이 위기에 처해 있는데, 우리 교회는 지금 어디에 서 있는 걸까? 세상에서, 하나님과 이웃과 자연 앞에서 지금 당당하게 설 수 있는 교회는 얼마나 될까? 이 땅에 세워진 모든 교회들이 이제라도 하나님의 숨으로 만물을 새롭게 하는 복의 근원이 되었으면 하는 바람을 가지고, 이번호에서는 녹색교회에 대한 상상의 날개를 편다. 교회마다 녹색교회의 꿈을 상상만이 아닌 현실로 이루어갈 수 있기를 바라며……

푸르름, 녹색의 의미

푸르름을 품은 녹색은 생명이 살아 숨 쉬는 곳이다. 녹색은 교회의 존재 양식으로, 녹색교회는 부활의 주님을 모시고 기뻐하며 잔치에 참여하는 예배와, 생명을 살리는 선교와, 생명을 양육하는 교육과, 생명을 섬기는 봉사와, 생명을 나누는 친교가 균형을 이루는 생명공동체를 상징한다.

물론 겉모습에서도 녹색의 푸른 향내는 짙게 풍긴다. 벽면엔 담쟁이 넝쿨이 푸르름을 더하고, 건물 지붕에서는 햇빛을 받아 저장해두는 태양광전지가 있다. 한 걸음 더 나아가 각 방 꼭대기에는 분리된 지붕이 설치되어 있는데, 그것은 손으로 밀어 열게 되어 있다. 그래서 날씨가 좋은 날이면 낮에는 성도들에게 신선한 공기와 푸른 하늘을 제공해주고, 밤에는 별자리들의 쇼를 보여줄 수 있는 천장이다. 이런 구조는 물신 앞에 굴복한 듯, 크고 화려한 것, 빠르고 강한 것에 홀려 갈수록 얕아지고 거칠어져만 가는 사람들의 숨을 치유하는 효과도 있다.

교회 둘레엔 담장이 없다. 주변이 작은 숲이다. 비록 작은 숲이지만 온갖 식물과 동물, 그리고 지역 주민들이 드나들며 친교하기에 부족함이 없다. 잘 보호되어 있는 숲 아래선 '초르 초르 초르' 굴뚝새의 경쾌한 노래 소리와 못 가에서 들리는 개구리 소리, 멀리 흐르는 물소리를 들을 수 있다. 이곳에 서면 자기 소유와 이기심이 무너지고, 자기 것을 자기 것이라 주장하지 않는 나눔과 평화가 저절로 이루어질 듯하다. 한편엔 토마토, 상추, 오이, 당근 등을 가꾸어 먹고 살 수 있도록 초대되어 있다. 교회 앞마당엔 자전거가 즐비하다. 모두들 자전거를 타고 세상과 교회를 오간다.

이 속에서 사람들은 하나님의 창조에 순응하며 살아간다. 싹을 돋우는 이파리소리나 풀벌레들이 날개를 바스락거리는 소리를 들으면서 말이다. 소나무 향기가 은근히 배어나는 바람 그 자체의 향기도 맡으면서……

생명을 풍성케 하는 예배, 친교, 교육, 봉사

이곳 사람들은 예배드리며, 늘 창조주 하나님을 깊이 만나고 대화한다. 그들은 자기 소리만을 내는 것이 아니라 하나님의 소리를 들을 수 있는 내적 고요, 기다림에 처할 줄 안다. 그들의 찬양은 이 나무 저 나무로 넘쳐흐르면서 숲 속으로 크게 퍼져 나간다. 찬양이 흐르는 동안 마당에 내려앉은 산비둘기와 때까치와 직박구리 등 너나 할 것 없이 끼어들어 묘한 조화를 이룬다. 숲이 하나님을 찬양하는 아름다운 소리를 모아 증폭시키면서 모든 생명 있는 것들에게 다시 흩뿌려준다.

부드럽게 떨어지는 잎사귀처럼, 찬양이 끝나면 모두 모여들어 기뻐한다. 하나님의 숨결을 느끼며 모두들 눈시울이 젖어든다. 사람이 하나님과 사람과 자연과 화해하고 하나되는 순간이다. 이 순간 주어지는 생명의 복음은 삶을 돌이켜 하나님의 복음에 합당한 삶으로 돌아서게 한다. 또한 생명의 친교로 나가게 하기에 충분하다. 탐욕과 명예심을 버리고 가난을 만족함으로 여기게 하며, 있는 모습 그대로의 자신을 받아들이게 한다. 모든 생명이 주 안에서 하나임을 고백하며, 서로의 생명을 풍성케 하는 친교에 이르게 한다. 이들이 나누는 밥상엔 몸과 마음, 즉 생명을 살리는 음식이 가득하고, 그들 마음 가운데는 생명에 대한 감사가 넘쳐난다.

또한 모든 생명이 하나님의 것임을 기억하고, 자녀들에게 창조의 아름다움과 거룩함을 가르친다. 녹색의 눈으로 성서를 다시 읽게 함으로 창조에 대한 신앙고백들이 지속되게 한다. 그리고 모든 생명은 하나님 안에서 한 형제요 자매임을 가르쳐 그들의 아픔을 느낄 수 있게 한다. 우리가 주는 것보다 결코 더 많이 취하는 일이 없게 하며, 탐욕을 채우려고 함부로 파괴하는 일이 없게 한다. 또한 위협에 처해 그들이 도움을 필요로 할 때 결코 거부하지 않게 훈련한다.

그리고 무엇보다 녹색교회는 교회 성장에 연연하지 않는다. 그들이 말하는 성장은 교인 수의 늘어남이 아니라 한 사람, 아니 한 생명의 행복감이 높아지는 것을 말한다. 따라서 건물을 키우거나 주차장을 넓히기보다는, 함께 살아가는 자연과 이웃이 정말로 원하는 게 무엇인지 살핀다. 병들어 신음하는 생명들에게 가장 필요한 것이 무엇인지에 민감하다. 그것을 내어주기를 기뻐하며, 모든 생명들이 평화롭게 공존하는 세상을 위해 예산을 아낌없이 쓴다. 교회의 이익을 위해 투기하는 일은 절대 없다. 오히려 교회가 보유하고 있는 땅을 공동의 자산으로 내어놓거나 보호해야 할 가치가 있는 것을 구입해서 자연에게 돌려준다. 숨쉬기 힘들어하는 생명들을 찾아가 막힌 부분을 터주는 일이라면 주님께서 자신을 내주셨듯이 기쁨으로 헌신한다.

한 생명, 한 우주, 한 하나님에 대한 고백

이들 녹색교회가 공동으로 고백하는 신앙은 이렇다.

"우리는 하나님께서 태초에 천지를 창조하시고, 지금도 창조보전을 위하여 일하심을 믿습니다. 하나님께서 우주 만물을 사랑하사 그 외아들 예수 그리스도를 이 땅에 보내시고, 십자가의 피로 만물과 화목케 하셨습니다. 예수 그리스도는 죽은 자 가운데 부활하셔서 영생을 약속하셨습니다. 성령은 모든 피조물이 창조될 때에 보내심을 받았으며 지금도 만물을 새롭게 하십니다. 하나님의 형상으로 지음 받은 인간은 청지기의 사명을 부여받았으며, 교회는 그리스도의 몸으로서 만물을 충만케 함으로 하나님의 나라를 이룰 것임을 믿습니다. 아멘."

이런 신앙에 기초하고 있는 녹색교회는 '사람이 한 개인으로는 절대로 존재할 수 없음'을 진심으로 고백한다. 그들 모두가 세상을 보는 눈에는 흙에 대한 진한 그리움과, 형제요 자매로 지음 받은 생명들에 대한 따스함이 배어 있다. 사람들은 그리움을 통해 창조주 하나님을 더욱 경외하게 되며, 한 생명, 한 우주, 한 천지, 한 바람 속에서 사는 기쁨의 의미를 깨달아간다. 그들에겐 뜨거운 물을 마당에 쏟아 붓지 않을 만큼 작은 생명일지라도 배려할 줄 아는 넉넉한 사랑이 가득하다.

한편 녹색교회는 사람에만 관심을 두고, 사람의 구원에만 관여하는 하나님은 상상하지 못한다. 향기로운 꽃, 맑게 노래하는 온갖 새와 벌레들, 아니 모든 생명 안에서 하늘과 땅, 비와 바람, 온 우주 그리고 하나님의 얼굴을 본다. 모두가 그들에게 거룩하게 다가선다. 모든 생명 안에는 하나님이 부여하신 동일한 생명의 가치가 있음을 깨달아 알기 때문이다. 그래서 위기에 처한 생명의 외침을 들을 수 있으며, 그를 위해 기도하며 헌신한다. 주님이 그랬듯이, 그들과 함께 호흡하길 희망해서이다.

'녹색교회의 꿈'이 현실로

지금까지의 '녹색교회에 대한 상상은 현실과 동떨어진 상상만은 아니다. 지구동산이 크게 위협받고 있는 상황 속에서 몇몇 교회들은 이미 마땅히 꾸어야 할 꿈으로 여기고 이루어가고 있다.

녹색교회의 꿈은, 기독교환경운동연대가 교회들과 함께, 1998년 '녹색교회21' 의제를 제정하고, 지역순회교육과 더불어 시범교회를 운영함으로써 하나 둘 이루어져왔다.

우선 '녹색교회21'은 생명위기 시대에 환경적으로 건전하고 지속가능한 사회를 위해 교회가 해야 할 일을 초대교회의 신앙양식(예배, 교육,

친교, 봉사) 등을 빌려서 표현한 것이다. 그 내용을 간단히 말해 '녹색교회 십계명'과 '녹색기독인십계명'으로 부르기도 했다.

녹색교회십계명

1) 환경주일(6월)을 정하여 지킵시다.
2) 신음하는 피조물을 위해 기도합시다.
3) 하나님의 창조세계 보전을 위해 설교합시다.
4) 창조보전을 위한 교육과 훈련을 합시다.
5) 환경전담 부서를 둡시다.
6) 환경을 살리는 데 예산을 사용합시다.
7) 불필요한 행사를 줄이고 소비를 절제합시다.
8) 냉난방을 절제합시다.
9) 중고품, 재활용품, 환경상품을 애용합시다.
10) 지역사회, 교회들 간에 환경보전을 위해 연대합시다.

녹색기독인십계명

1) 일회용품을 쓰지 맙시다.
2) 이용합시다, 대중교통.
3) 삼갑시다, 합성세제.
4) 사용합시다, 중고용품.
5) 오늘도 물, 전기를 아껴 씁시다.
6) 육식을 줄이고, 음식을 절제합시다.
7) 칠일은 하나님도 쉬셨습니다.
    시간에 쫓기지 않게 삽시다.

8) 팔지 맙시다, 소비광고에 한눈을.

9) 구합시다, 작고, 단순하고, 불편한 것!

10) 십자가 정신으로 가난한 이웃을 도웁시다.

시범교회 운영은 매년 주제를 달리 하여 진행되었는데, 지금까지 여러 교회들이 참여하여 성도들과 실천한 것만 해도 '교회숲 가꾸기'(담장 헐기, 녹색쉼터, 녹색주차장, 하늘동산 등), '생명밥상 빈그릇 운동', '지렁이, EM을 통한 남은음식물 퇴비화', '초록가게운동', '지구온난화 억제를 위한 CO_2 저감운동'(에너지 가계부, 재생지 이용, 차 없는 주일), '교회 지붕에 햇빛발전소를', '물 사랑 실천운동', '지역교회의 주말생태교실', '지속가능한 세상을 여는 생활속환경교육' 등 다양하다. 대부분 "지극히 작은 자에게 한 것이 나에게 한 것"이라고 하신 예수님의 말씀을 따라, 만물 중에 가장 낮은 위치에 있는 자연에 관심을 두고 그들의 아픔을 어루만지며 '지키고 돌보는' 일에 헌신해왔다.

한편 이들의 실천을 주목하여, 한국기독교교회협의회 생명윤리위원회와 소속 교단, 그리고 기독교환경운동연대는 2006년서부터 매년 '녹색교회'를 공동으로 지정하기 시작하였다. 첫해에는 내동, 백석, 석포교회가, 2007년에는 광동, 들녘, 송악교회가, 2008년에는 신양, 지평, 청파교회가, 2009년엔 서울복음, 쌍샘자연, 평화의, 향린교회가, 2010년엔 아름다운, 용진, 고기, 받들, 황지중앙, 동녘교회가 그리고 올해 2011년엔 동면, 새터, 완도제일, 은광, 하남영락교회가 녹색교회로 선정되는 영예를 얻었다.

'녹색교회 열다짐'에 두 가지씩의 실천항목이 있는 '녹색교회 점검표'로 우선적으로 평가되는데, 예배 교육 친교 봉사는 물론, 조직행정의 영역에 있어 교회가 얼마나 환경친화적인지와 교회가 주력하고 있는 환경프로그램이 고려되어왔다.

다음은 녹색교회의 선정기준의 토대가 된 '녹색교회 열다짐'이다.

■ 녹색교회 열 다짐

선포

선포는 교회가 교회되게 하는 근본적인 사명이다. 케리그마는 선포하는 행위와 동시에 선포내용 자체, 즉 복음을 가리킨다. 선포는 교회의 본질적인 표지라고 알려진 말씀 설교와 성례전을 통하여 이루어진다. 이것은 예배공동체 안에서 이루어지기도 하지만, 항상 세상을 향한 것이어야 한다. 복음은 세상을 향한 하나님의 구원의 메시지이기 때문이다.

- 만물을 창조하고 보전하시는 하나님을 예배한다.
  - 환경주일을 정하여 지킨다.
  - 창조보전에 대한 설교를 한다.
  - 성만찬을 통하여 생명의 소중함을 깨닫는다.
- 하나님 안에서 사람과 자연이 한 몸임을 고백한다.
  - 매일 정오에 신음하는 피조물을 위하여 기도한다.
  - 자연에서 울려오는 하나님의 음성을 듣는다.
  - 단순 소박하고 불편한 삶을 즐긴다.

교육

교회는 복음의 의미를 풍성케 하고, 교회 구성원들을 생명의 복음 전도자로 세상에 파송하기 위하여 끊임없이 훈련시키고 가르쳐야 한다. 지금까지의 교리 중심에서 벗어나 하나님이 주신 생명의 신비함, 풍성함을 가르쳐야 한다. 또 교회 구성원들을 가르치는 것을 넘어서서, 생명을 가르치는 지역사회의 주민들의 교육기관으로 자리매김해야 할 것이다.

- 창조보전에 대하여 교육한다.
  - 녹색의 눈으로 성경을 읽는다.
  - 창조신앙 사경회 및 특강, 세미나를 개최하고 참여한다.
  - 자연과 희로애락을 함께 한다.
- 어린이와 청소년을 친환경적으로 키운다.
  - 환경 교실(주말, 캠프)을 운영한다.
  - 간식을 줄인다.
  - 아나바다 운동에 참여시킨다.

친교

친교는 서로의 것을 나눔으로써 하나됨에 이르게 한다. 예수 그리스도를 통하여 우리는 하나님과 화해하고 하나가 되었으며, 하나님과의 이런 친교는 우리로 하여금 교회구성원들과의 친교, 이웃과의 친교로, 피조물과의 친교로 나아가게 한다. 우리 안에 그리스도의 생명의 복음은 생명의 친교로 나아가게 하는 힘이다.

- 생명밥상을 차린다.
  - 국내산 유기농산물을 애용한다.
  - 가공식품과 외식을 삼가하고, 제철음식을 먹는다.
  - 쓰레기 제로, 빈 그릇 운동에 동참한다.

- 교회를 푸르게 한다.
  - 교회 담장을 없애고, 주차장을 작은 숲으로 바꾸어간다.
  - 녹색 에너지를 이용한다.
  - 교회에 오갈 땐 걷거나 자전거나 대중교통을 이용한다.

봉사

케리그마의 내적 기운이 코이노니아라면 케리그마의 외적 작용은 디아코니아이다. 디아코니아는 교회의 본질적 사업이자 목적이며, 그 의미는 사랑의 구체적 실천행위인 섬김과 봉사라 할 수 있다. 따라서 교회는 모든 생명이 풍성히 거하는 세상을 위하여 봉사해야 한다. 교회가 자기 자신을 위한 존재가 될 때, 교회는 타락하기 마련이다. 예수 그리스도께서 당신을 세상을 위해 내어 주었듯이, 그리스도의 몸인 교회는 세상을 살리기 위해, 세상을 위해 자신을 내어주어야 할 것이다.

- 초록가게를 운영한다.
  - 환경 정보를 나눈다.
  - 환경 상품을 애용하고 권장한다.
  - 도농직거래 장터를 운영한다.
- 창조보전을 위하여 지역사회와 연대한다.
  - 교회가 지역의 환경 센터가 된다.
  - 주변의 교회들과 창조보전을 위해 함께 일한다.
  - 환경 정화와 감시 활동을 한다.

> **조직**
>
> 성경은 교회 행정 또는 제도의 근거와 그 변천의 모습을 가르치고 있다. 새 시대를 위해 교회는 수직적, 가부장적인데서 벗어나 각 지체로서의 책임을 충분히 발휘할 수 있도록 변화해야 할 것이다.

- 환경을 살리는 교회조직을 운영한다.
  - 환경 전담 부서를 둔다.
  - 환경을 살리는데 예산을 사용한다.
  - 환경 전담 사역자를 둔다.
- 교회가 절제하는 생활에 앞장선다.
  - 행사를 간소하게 하고, 불필요한 행사를 줄인다.
  - 냉난방을 절제한다.
  - 일회용품을 사용하지 않는다.

모든 생명을 품을 줄 아는 교회를 바라며

녹색교회는 안다. 모든 생명은 하나님께 속한 거룩한 것이요, 우리도 한 생명으로서 공통된 운명에서 벗어날 수 없음을 안다. 또한 하나의 숨, 하나님의 숨으로 이어져 있어 어느 한 곳이 끊기면 전체가 무너져 내린다는 것도 너무도 잘 안다. 그렇기에 한 생명도 소홀히 여기지 않는다. 모든 생명을 품는다. 온 힘을 다해서, 온 마음을 다해서 생명을 지키고 사랑한다. 하나님이 우리 모두를 사랑하듯이.

그러나 이미 숱한 생명들이 사람들의 탐욕과 개발 유혹에 이 땅을 떠났다. 녹색교회는 그들의 마지막 울음을 들으며, 한결같이 기도한다. "주님, 기대어 살 수 있는 땅을 주시니 감사드립니다. 우리에게 새롭게 하는 영을 불어넣으시며, 나 자신과 다른 생명을 주신 그대로 지키며 돌보게 하옵소서"라고. 그리고 첫 숨을 불어넣어준 하나님이 우리의 마지막 한 숨도 받아주실 것임에 감사한다.

이 땅 모든 교회들이 이럴 수 있다면 얼마나 좋을까? 하나님의 창조동산과 그 속에서 살아가고 있는 생명들을 위해 많은 교회들이 녹색교회의 길을 걸어가길 바란다.

교회절기를 통한 생명교육

교회가 지키고 있는 절기는 신앙교육에 있어 중요하다. 교회가 지키고 있는 절기에 걸맞은 생명교육을 찾아 인간만이 아닌 다른 생명을 이야기한다면, 그리스도인들은 자연스레 생명을 지키고 돌보는 일에 힘 있게 나아가게 될 것이다.

대강절(Advent)과 성탄절

요즘 교회력의 시작인 대강절과 성탄절 절기는 세상 사람들이 더 즐긴다. 창조의 회복을 위해서라도 본래적 의미를 살려 즐겨 지키게 함이 마땅하다. 오시는(Advent) 그리스도를 대망하되, 육신으로 오시는(성탄), 영광 중 오실(종말), 말씀과 영으로 임재하시는(일상생활) 그리스도가 인간만이 아닌 모든 만물의 화해자이었음(골 1:20)을 깨닫게 해주는 절기로 삼아야 한다는 말이다.

간단히는 성탄절 이전 4주간 동안 하나씩 켜지는 촛불을 통해, 고통 중에 있는 생명의 아픔을 함께 느끼게 하고 또 그들과 더불어 녹색의 희망을 품어 볼 일이다. 그 가운데 한 환경단체가 전개하는 '그린 크리스마스' 캠페인을 함께 전개해 봐도 좋을 듯하다. '그린' 크리스마스는 본래 '화이트' 크리스마스에 대비시켜 '눈이 오지 않는 따뜻한' 크리스마스를 뜻하는 말이지만, '느림과 나눔'의 연말연시 그리고 '지구를 생각하며 로하스(LOHAS, Lifestyle Of Health And Sustainability)적으로' 보내자는 의미로 재해석된 것이다.

'Green Christmas'를 위한 7방법(출처: 여성환경연대)

1. [녹색장식] 전깃불을 끄고 촛불을 켜세요. 화려하고 소비적인 조명장식을 끄고 은은하고 소박하게 초를 켜세요. 이왕이면 화학성분인 파라핀초보다 천연 밀납초가 좋겠죠? 은은한 촛불 아래 크리스마스 밤이 더욱 달콤하고 따뜻해집니다.

2. [녹색파티] 외식보단 직접 음식을 준비하세요. 가족, 친구, 연인과 함께 장을 보고 요리해 소박하고 따뜻한 저녁을 손수 차려보는 건 어떨까요? 이때 일회용 컵이나 접시를 사용하지 않는 센스, 아시죠?

3. [녹색선물1] 선물 하나, 핸드메이드하세요. 천연비누나 화장품, 쿠키나 밀납초, 코사지, 목도리, 재활용 리스 등 직접 만든 거라면 무엇이든 OK! 소박하지만 정성이 듬뿍 담긴, 세상에서 하나밖에 없는 선물이라 더욱 소중해요.

4. [녹색선물2] 선물 둘, 돌려쓰세요. 다 읽은 책, 안 입고 안 쓰는 옷이나

물건 등 책장과 옷장에서 잠자고 있는 물건들을 선물해보세요. 내겐 더 이상 쓸모없는 것들이 남들에게 기쁨이 될 수도 있답니다.
5. [녹색선물3] 선물 셋, 착한 선물하세요. 설탕, 커피, 수공예품 등 아시아와 아프리카의 공정무역 물건을 선물하세요. 나의 올바른 소비가 지구 반대편에 있는 이웃들에게 힘과 희망이 됩니다.
6. [녹색선물4] 선물 넷, 나눔을 선물하세요. 다함께 따뜻한, 환경을 살리는 그린 크리스마스가 될 수 있도록 평소 뜻있는 단체에 후원하세요.
7. [녹색선물5] 직접 카드를 만들어 보내세요. 80byte짜리 밋밋한 단체 문자 전송은 이제 그만! 되살림 종이, 또는 버려지는 물건을 재활용해 만든 손맛 가득 핸드메이드 크리스마스카드로 마음을 전하세요.

사순절(Lent)과 고난주간(Holyweek)

사순절 기간은 지구를 위해, 고통 중에 신음하는 피조물이 기다리는 하나님의 자녀가 되는 연습을 하기에 적기다. 성회 수요일에 시작하여 부활주일 전날 저녁까지 주일을 뺀 40일 동안에 행하는 자기 근신과 금식의 전통을, 지금 지구가 받고 있는 고난으로까지 확대하여 일회용 컵 금식, 비닐 금식, 자동차 금식, 고기 금식, 탄소 금식 등 주님의 고난을 묵상하는 '푸른 금식'으로 발전시켜보자.

다음은 장년부와 아동부가 해볼 만한 '탄소 금식' 운동의 예이다.

전 교인과 함께하는 탄소 금식

그리스도인에게 있어 40일은 의미 있는 날이다. 자신과 함께 세상을 변화시킬 수 있는 기간이다. 성서에서 보면 사순절의 40일은 회개와 성찰, 희생은 물론 하나님께 귀 기울이는 시간으로서 중요한 의미를 갖는다. 사순절에는 탄소 금식 운동을 벌여보자. 이는 기후변화 시대를 사는 우리가 세상과 우리의 이웃과 관계를 회복하기 위해 해야 할 일을 깊이 묵상하고 또 실천하게 해줄 것이다.

다음 40일 동안의 실천 내용은 영국교회가 2010년 사순절 기간 동안 전개한 '탄소 금식 운동'의 내용으로, http://www.tearfund.org에 있는 원문을 번역한 것으로 우리 실정에 맞춰 필자가 의역한 부분이 여럿 있다.

1일: 재의 수요일 - 사순절 금식에 뜻이 있다면, 거주하고 있는 공간에 있는 전구 한 개를 빼라. 그리고 이후 40일 동안 없이 지내라.

2일: 리본이나 깃털을 이용해 당신 집에 외풍이 있는지 점검하라. 있다면, 문풍지를 사서 바르라.

3일: 걸을 것인지, 자전거를 탈 것인지, 버스를 탈 것인지를 신중을 기하라. 그리고 자신이 이산화탄소 배출을 줄일 수 있는 방법이 무엇이 있는지 하루 동안 구체적으로 생각해보라.

4일: 재활용할 수 있는 것은 다 재활용하고 있는가? 정말로 그렇게 하고 있는지 살피라.

5일★: 교회에서 교우들에게 당신이 실천하고 있는 '탄소 금식'에 대해 이야기하라. 그래서 다른 사람들도 참여할 수 있게 하라. 기독교환경운동연대 홈페이지(www.greenchrist.org)나 한국교회환경연구소의 '녹색신앙 아카이브' 자료실을 참고하면 도움이 될 것이다.

6일 : 중앙 난방온도 조절장치의 온도를 1도 낮추라.

7일 : 대기전력에게 '안녕'이라고 말하라. 전기제품을 사용하지 않을 때는 항상 스위치를 껐는지 확인하라. TV만으로도 일 년 동안 20Kg이나 되는 이산화탄소를 줄일 수 있다.

8일 : 휴대전화의 충전이 끝났으면 플러그를 뽑아라. 충전하지 않고 있더라도 전기는 소모된다.

9일 : 기후변화는 멀리 있는 위협이 아니다. 이미 가난한 지역에 영향을 미치고 있다. 상처받기 쉬운 이들이 변화하는 기후에 적응할 수 있도록 돕고 있는 조직(교단 환경위원회, 기독교환경운동연대 등)을 위해 기도하라.

10일 : 식기세척기를 하루 쉬게 하라. (에너지효율 등급을 점검하고 바꿀 때에는 1등급으로 향상시켜라.)

11일 : 교외에 있는 쇼핑지역으로 가지 말고 동네 가게나 재래시장, 생활협동조합을 이용하라.

12일★ : 오늘은 정치인들에게 기후변화에 대해 조처를 취할 것을 요청하라. 기독교환경운동연대의 기후변화 캠페인을 들여다보고, 그림엽서나 관련기관 홈페이지 등을 활용하여 의견을 전하라.

13일 : 집의 전기와 가스 공급업체를 알아보되, 환경을 위한 계획이 있는지 확인하라. 편안함을 느낄 수 있는 환경을 생각해보고, 필요하다면 건의하라.

14일 : 목욕 대신 샤워를 해라. 물론 물은 데우는 것도 평소보다 낮은 온도로!

15일 : 비닐봉지를 사양하라. 시장갈 때에 장바구니를 꼭 가져가라.

16일 : 방을 나갈 때는 전등을 끄라. 매일 두 시간씩 형광등(32W 2개)을 켜둔다면 월 3.8Kwh의 전기가 더 소비된다.

17일 : 차를 끓일 때는 필요로 하는 양을 생각하여 그 만큼의 물만 찻주전자에 채워라.

18일 : 비행기의 이동거리를 줄여라. 공정무역 상품을 제외하고는, 비행기로 운송된 음식은 구입하지 마라.

19일★ : 말라위(사하라사막 이남 국가 중 가장 인구밀도가 높은 국가 중 하나)에서 농사짓고 사는 부부는 충분한 음식을 생산하기 위해 고군분투하고 있다. 늘 반복되는 홍수와 가뭄 때문이다. 오늘은 그들처럼 기후변화의 위협 앞에서 힘겹게 농사짓고 있는 이들이 드리는 기도에 마음 모으자. "주님, 우리가 풍성한 농사를 짓게 하시어 배고픔에서 벗어날 수 있게 도우소서. 주님의 이름으로 기도합니다. 아멘."

20일 : 퇴비를 만들라. 음식쓰레기가 쓰레기매립장에 가서 메탄을 발생시키는 것이 아니라 흙으로 돌아가도록 도우라.

21일 : 세탁기는 빨래를 최대한 모아서 돌려라.

22일 : 종이를 아낄 수 있는 방법을 찾아 그대로 하라. 한 번 쓴 봉투와 종이는 다시 쓰고, 복사할 때는 이면지를 쓰라. 이면지가 아니라면 꼭 양면복사를!

23일 : 수도꼭지를 꼭 잠그라. 하루 동안 흘려버려지는 것만으로도 욕조 하나가 가득 찬다고 한다.

24일 : 지자체가 지역의 환경을 훼손하고 있는지 살피라. 재활용시설 등 잘하고 있는 일이 있다면 감사하고, 더 잘할 수 있는 일을 생각하여 요청하라.

25일 : 집안에서 일을 가장 많이 하고 있는 이는 누구일까? 엄마도 아빠도 아니다. 냉장고다. 한 가정의 전기요금 중 4분의 1을 냉장고가 차지한다는 통계가 있다. 덜 여닫고(하루 4회 문을 더 열면 월 0.8Kw 더 소비), 냉장고 안에 음식은 60%만 채우라(월 최고 7.2Kw 차이). 냉장고에 보관 음식 목록 표를 붙여두는 것도 방법이다.

26일★ : '사랑은 이웃에게 악을 행하지 아니한다'(롬 13:10)고 하였다. 하지만 우리가 에너지를 소비하면 할수록 우리의 가난한 이웃이 더욱더 고통받게 됨을 본다. 유기적 관계 속에 있는 세상에서 우리가 가난한 이웃과 자연을 어떻게 사랑하고 있는지 묵상하라.

27일 : 차 주인이 타이어의 압력을 점검하도록 요청하라. 압력이 낮으면 연료 소비가 높다.

28일 : 가정에서 사용하는 에너지와 그동안의 실천에 따른 변화를 고지서나 공급업체를 통해 확인하라. 점검하는 것만으로도 에너지 사용을 삼가는 실천이 된다. 일례로 전기의 경우 일반가정(4인 기준)의 평균 사용량은 월 200Kwh 정도인데, 그 이상이면 누진요금이 적용돼 부담이 커지기 때문이다.

29일 : 세탁기는 자동 세탁으로 돌리기보다 가급적 물의 양이나 시간이 적게 들도록 조절하여 운전하라.

30일 : 오늘은 기후 재앙에 대한 충격적인 사실들을 알아보고 그것을 친구들과 함께 나누라.

31일 : 식사할 때나 외출할 때 컴퓨터를 꺼두라. 사용하지 않는 컴퓨터(140W)를 켜두면(1시간) 월 4.2Kwh의 전력이 낭비된다. 또 항시 절전되도록 윈도우 제어판의 전원 구성 표에서 모니터 끄기, 시스템 대기모드를 설정하라.

32일 : 오래된 전기 기구를 살펴라. 꼭 필요했던 것이 아니라면 사용을 중단하거나 에너지효율이 높은 모델로 바꾸라.

33일★ : 고요한 침묵을 즐기는 주일을 지내라. 모든 것에서 벗어나라. No 텔레비전, No 라디오, No 벨소리(휴대폰), No 자동차! 우리 영혼에게 상당히 좋은 시간이 될 것이다.

34일 : 원하지 않는 마케팅 정크메일(스팸메일)을 정지시키고, www.greenchrist.org과 같이 창조보전에 힘쓰는 사이트를 찾아가 소식을 요청하라. 그리고 친환경적 검색엔진을 활용해보라. http://Ecosia.org는 기존 검색엔진과 달리 스폰서 링크인 세계자연보호기금(WWF)로 인해 발생하는 수익의 최소 80% 이상을 기부하고 있다. 기부금은 브라질 아마존의 열대림 보호 프로젝트에 쓰인다. 검색 한 번만으로도 열대림을 지킬 수 있다는 말이다.

35일 : 주거하는 공간에 온도계를 걸거나 가능하다면 자동온도조절장치 설치해 항상 이용하라. 온도를 설정해 두면 열과 공기가 그만큼 낭비되지 않는다. 그리고 가능한 대로 자연 냉방, 방열을 이용하라. 여름에 집이 더우면 에어컨을 켜기보다 창문을 열라. 겨울에 집안이 추워진다 싶으면 난방을 하는 대신 스웨터를 입으라.

36일 : 잼 병이든 봉투든 아이스크림 용기든 그냥 갖다 버리지 말고 재사용하라.

37일 : 냄비에 요리할 때나 물 주전자를 끓일 때는 뚜껑을 덮어라.

38일 : 방 안의 따스한 공기(열)이 보존될 수 있도록 커튼을 쳐라.

39일 : 섬기고 있는 교회를 녹색화하는 구상을 해보라. 교회 지도자들을 찾아가 제안하라. 녹색교회에 관한 자료는 기독교환경운동연대 (www.greenchrist.org)를 통해 얼마든지 받을 수 있다.

40일★ : 당신이 빼놓았던 전구를 에너지절약형 백열전구로 바꾸라. 일년에 60Kg의 이산화탄소를 줄일 수 있다. 특별히 이 날은 더욱 열심으로 지속가능한 삶의 방식으로 살아가겠다고, 그리고 교회적으로도 고통 받는 이웃과 자연을 위한 노력을 하겠다고 서약하라.

어린이, 청소년을 위한 탄소 금식

사순절은 벼랑 끝에 몰려 고통스런 신음소리를 내고 있는 지구를 생각하면서 자신의 삶을 돌이켜 지구를 위한 삶을 살게 할 수 있는 신앙적으로 좋은 시기이다. 다음 실천 내용은 어린이 내지는 청소년들을 위한 것으로 영국교회의 탄소 금식 운동의 틀에 맞추어 전체적으로 새로이 작성하였다. 특별히 주일날에는 교회학교 차원에서 함께 지킬 수 있는 실천으로 담아놓았다.

1일 : 재의 수요일 - 사순절 탄소금식에 뜻이 있다면, 부모님과 함께 집 안의 전구 가운데 한 개를 빼고, 이후 40일 동안 없이 지낼 것을 약속하라. 그리고 우리 집의 탄소발자국이 얼마인지 살펴라. 지난 달 집에서 전기와 수도, 가스를 얼마나 사용했는지 확인하라. 사용량을 입력하면 얼마만큼의 이산화탄소를 발생시켰는지 확인할 수 있게 해주는 곳이 지자체 탄소마일리지 프로그램 등을 비롯한 여러 사이트가 있다.

2일 : 오늘 중 1시간 이상 시간을 내어 걷되, 걸으며 자신이 이산화탄소의 배출량을 줄일 수 있는 방법을 구체적으로 생각해서 저녁시간 종이에 적어 책상 앞에 붙여놓으라.

3일 : 엘리베이터의 '닫힘' 버튼을 누르지 말라. 5명이 한 번 움직이는 것과 1명씩 5번 움직이는 것 중 어느 쪽의 전기 소비가 적을까? 그리고 3층까지는 엘리베이터를 타지 말고 걸으라. 걸어 다니면 몸도 가뿐해지고 소중한 에너지도 절약할 수 있다.

4일 : 우리나라 과일과 채소를 먹자. 국민 1인당 푸드 마일리지가 6,670Km/t다. 인근 지역에서 난 제철 먹을거리를 소비한다면 연간 600Km의 이산화탄소를 줄일 수 있다.

5일★ : 첫 주일이다. 반별 혹은 교회학교 전체적으로 교회의 탄소발자국(전기, 가스, 수도, 교통 등)을 확인하여 잘 보이는 곳에 기록해 두라.

6일 : 방을 나갈 때는 전등을 끄라. 매일 두 시간씩 형광등(32W 2개)을 켜둔다면 월 3.8Kwh의 전기가 더 소비된다.

7일 : TV, 컴퓨터를 1시간만 사용하라. 최근 컴퓨터의 사용이 증가하면서 어린이 5명 가운데 2명이 컴퓨터 중독을 앓고 있다. 하루에 1시간만 하고 그 시간에 책을 읽거나 밖에 나가 뛰어놀라.

8일 : 물을 받아서 세수하고 이 닦자. 물이 부족한 아프리카의 친구들은 아침 일찍 커다란 물동이를 들고 4시간이나 걸어서 물을 길어온다. 전 세계에서 5천 명 이상의 어린이들이 수인성 질병으로 죽어가고 있다. 물은 생명수다. 우리가 갈증을 느낄 때, 지구도 목마르다는 사실을 잊지 마라.

9일 : 독서할 책(특히 만화책)은 각자 사지 말고 돌려보자. 세계적으로 잘린 나무의 35%가 종이를 만드는 데 사용된다. 책을 사기보다 도서관을 이용하거나 헌 책을 활용하는 것도 재활용의 또 다른 활용법이다. 연습장이나 메모지도 이면지를 이용하는 습관을 가져보자.

10일 : 학용품에 이름을 써놓으라. 잃어버리지 않아 덜 사용하면 에너지를 덜 쓰고, 덜 오염시킬 수 있다. 종이와 연필은 저 멀리 숲에서, 배를 타고 공장으로 와서 사막에서 나온 석유를 사용해 나온 에너지로 돌아가는 기계와 수많은 사람들의 손을 거쳐 나온 것이다. 지우개의 경우 석유와 석탄으로 만들어진 고무 합성물인데, 만드는 과정에서 유독한 물질이 나온다.

11일 : 오늘 하루 채식을 하자. 현재 지구 땅의 30%가 축산용으로 활용된다. 또 농산물의 1/3이 사료로 쓰인다. 특히 콩의 경우는 90%를 가축이 먹는다. 또 축산은 다량의 물과 에너지가 쓰인다(1Kg 생산할 때의 물 소비량 : 쌀 3천 리터, 소고기 15,500리터). 일주일에 하루 채식하되, 함께 하는 친구가 일곱이면 1200평의 열대림을 지킬 수 있다.

12일★ : 오늘 하루 일회용 컵 사용을 금하며, '지구는 일회용이 아니다'는 캠페인을 대예배에 참석하는 어른들을 대상으로 전개하라. 일회용 컵은 100% 천연펄프로 만든다. 종이컵 1톤을 만드는 데 20년 생 나무 20그루가 사용된다. 사용하면 할수록 그만큼 숲이 사라지는 것이다. 더구나 일회용 컵은 재활용도 쉽지 않다. 비닐 코팅이 돼 있어 폐지와 함께 섞이면 재활용이 어렵다. 별도로 모아서 전문업체가 처리하도록 해야 하는데, 부피가 작다보니 재활용품으로 분리되지 않고 일반쓰레기로 버려지는 일이 허다하다.

13일 : 자전거를 즐겨 타자. 매년 배출되는 온실가스의 1/4이 수송 부분에서 나온다. 반면 자전거는 온실가스 제로의 교통수단이다. 매일 하루 30분씩 자전거를 타면 수명도 4년이 늘어난다. 부모님들이 자전거를 즐겨 타시다 출퇴근용으로도 이용할 수 있게 하여 건강도 지키고 지구도 지키게 하라.

14일 : 대기전력에게 '안녕'이라고 말하라. 전기제품을 사용하지 않을 때는 항상 스위치를 껐는지 확인하라. 집 전체 전기의 10%가 대기전력으로 낭비된다. 만약 매번 플러그를 뽑고 꼽는 일이 귀찮다면 멀티탭을 설치하라. 전 국민이 낭비하는 대기전력량은 원자력발전소 1기의 발전량과 맞먹는다. 100만 가구가 대기전력 소모를 절반으로 줄인다면 해마다 15만 톤의 이산화탄소 발생을 줄일 수 있다. TV만으로도 일 년 동안 20Kg이나 되는 이산화탄소를 줄일 수 있다.

15일 : 더러움과 친해지자. 목욕을 즐겼다면 샤워를 해라. 샤워를 즐겼다면 오늘 하루쯤은 쉬라. 샤워시간을 하루 1분만 줄여도 한 해 1900리터의 물을 아끼고 65Kg의 이산화탄소를 줄일 수 있다. 온수 온도도 조금 낮춰보자. 온수를 만들 때 평소보다 에너지가 25%나 늘어난다. (아빠와 함께라면 절수형 샤워기로 교체할 수 있는지 연구해보라. 샤워기의 구멍 수가 적거나 크기가 작다. 그리고 잠금 버튼이 있어 비누나 샴푸를 바르는 시간 동안 저절로 물이 멈춘다.)

16일 : 휴대전화의 충전이 끝났으면 플러그를 뽑아라. 충전하지 않고 있더라도 전기는 소모된다.

17일 : 오늘 하루 비닐봉지를 사양하라. 세계적으로 1년에 약 1조 원의 비닐봉지가 사용된다(우리는 한해 200억 장). 비닐은 완전히 썩는데 1천 년이 걸린다. 9장을 만드는 데 사용된 석유로 승용차를 움직이면 1Km를 갈 수 있다. 나도 부모님도 선생님도 물건을 살 때는 장바구니를 꼭 가져가게 하라.

18일 : 먹을 만큼 받아 남기지 말라. 1년에 버려지는 음식쓰레기의 비용은 전 세계 기아인구 10억 명이 최소한의 영양상태를 유지하게 할 수 있다. 주변에 굶주리고 있는 사람들과 정성껏 생산하고 밥상을 차리는 이들, 특히 하나님의 은혜를 기억하여 먹을 만큼만 덜고 음식을 남기지 말자.

19일★ : 교회학교 주보와 공과가 재생지인지 확인하라. 종이 1톤 만드는데 20그루 정도의 나무가 필요하고, 가공하는 과정에서 5만 명이 하루 마실 수 있는 물이 소비된다. 종이를 아껴 쓰는 것이 곧 나무를 살리고 물과 에너지의 낭비도 줄이는 길이다. 만약 사용하고 있지 않다면, 교회 내 교육목사님이나 교단 교육부 관계자에게 편지를 써라.

20일 : 오늘은 부모님에게 기후변화를 막기 위한 실천을 요청하라. 그림엽서나 관련기관(기독교환경운동연대 혹은 교단 환경위원회)의 홈페이지 등을 활용하여 의견을 전하라.

21일 : 냉장고 문은 꼭 필요할 때만 열라. 문을 열기 전에 무엇을 꺼낼지 생각하여 여닫는 횟수를 줄이면 찬 공기가 덜 빠져나가 에너지가 절약된다. 한 가정의 전기요금 중 4분의 1을 냉장고가 차지한다는 통계가 있다. 덜 여닫고(하루 4회 문을 더 열면 월 0.8Kw 더 소비), 안의 음식은 60%만 채울 것을 요청하라(월 최고 7.2Kw 차이). 보관음식 목록표를 붙여놓는 것도 방법이다.

22일 : 화장실 변기 속에 벽돌 하나를 넣자. 가정에서 사용하는 물의 1/4이 변기로 흘려 내보내는 물이다. 보통 한 번 내리는 데 13리터가 버려지는데, 0.8리터의 벽돌 한 장을 넣으면 6%의 물을 아낄 수 있고, 대소변 버튼이 분리된 변기를 사용하면 30%까지 줄일 수 있다.

23일 : 종이를 아낄 수 있는 방법을 찾아보라. 한 번 쓴 봉투와 종이는 다시 쓰고, 복사할 때는 이면지를 쓰라. 이면지가 아니라면 꼭 양면복사를!

24일 : 내가 살고 있는 곳의 환경을 훼손하고 있는 곳이 있는지 살펴 있다면 항의하라. 재활용시설 등 환경을 보호하는 곳이 있다면 감사하라.

25일 : 화학첨가물이 든 음식은 멀리하라. 군것질할 경우는 무엇이 첨가되었는지 확인하고 멀리하라. 우리 몸은 하나님의 거룩한 성전임과, 자신의 생각과 행동은 물론 하나님 앞에서의 자세가 음식에 의해 영향을 받는다는 사실을 기억하라.

26일★ : '사랑은 이웃에게 악을 행하지 아니한다'(롬 13:10)고 하였다. 하지만 우리가 에너지를 소비하면 할수록 고기를 많이 먹으면 먹을수록 우리의 가난한 이웃이 더욱 더 고통 받게 된다. '투발루(EBS 지식채널)' 등의 영상과 자료를 통해 자연과 이웃의 고통을 묵상하고, 기도하라.

27일 : 오늘은 기후 재앙에 대한 충격적인 사실들을 알아보고 그것을 친구들과 함께 나누라.

28일 : 식사할 때나 외출할 때 컴퓨터를 꺼두라. 컴퓨터가 쉬면, 지구도 휴식한다. 전원을 끄게 되면 100Wh(17인치 모니터 60Wh, 본체 40Wh)의 전력을 절감하여 매시간 42.4g의 이산화탄소 발생을 줄일 수 있다. 또 항시 절전되도록 윈도우 제어판의 전원 구성표에서 모니터 끄기, 시스템 대기모드를 설정하라.

12. 교회절기를 통한 생명교육

29일 : 햄버거와 콜라를 먹지 않는다. 햄버거 패티 1개는 한 평 정도의 열대우림을 파괴할 뿐 아니라 우리 몸을 병들게 한다. 캔 하나 만드는 데는 TV를 3시간 반 볼 수 있는 전기가 소비된다.

30일 : 오늘은 집에서 엄마랑 받고 있는 우편물을 정리해보라. 종이 청구서 1통은 평균 3장의 A4 종이가 들어가는데, 우리나라는 청구서로 한 달에 약 3억 7천만 장이 사용된다. 만약 이메일로 받아본다면 제작비와 우편 비용을 포함해 약 400원 정도가 절약된다. 게다가 1년 이면 약 49만 그루의 나무도 지킬 수 있다. 부모님을 도와 전화나 인터넷으로 이메일 청구서를 신청하라.

31일 : 교복, 교과서는 깨끗하게 사용해서 물려주자. 교복과 체육복 돌려주기 운동에 다섯 명 중 한 명만 참여해도 연간 520억 원의 절약 효과가 있다. 교과서의 20%만 돌려써도 2,200톤의 이산화탄소 발생을 줄일 수 있다. 그 밖에 내가 쓰고 있는 것 중 물려줄 수 있는 게 무엇이 있는지 살피라.

32일 : 학교나 집, 교회 주변에 자기 식물을 정하여 키우자. 나무 한 그루가 평균수명 40년 동안 흡수하는 이산화탄소는 1톤 이상이다. 1만 명이 나무 한 그루씩 심는다면 1만 3천여 톤의 이산화탄소 흡수원을 만들 수 있다. 마당이나 옥상, 실내의 작은 공간이라도 좋다. 텃밭을 만들고 토마토나 오이 등 채소를 키워도 좋다. 음식의 이동거리가 '0'이니 좋다. 정성껏 키워보자.

33일★ : 고요한 침묵을 즐기는 주일을 보내라. 예배시간에도 전기로 소리 내는 악기는 사용하지 말고 목소리로만 찬양하라. 오늘 하루 동안 No 텔레비전! No 라디오! No 벨소리(휴대폰)! 영혼에게 상당히 좋은 시간이 될 것이다.

34일 : 지렁이와의 동거를 시작하라. 불투명한 상자에 숨구멍을 뚫고 깊이 30~40Cm 정도 흙을 담고 그 속에 지렁이를 넣어 기르라. 지렁이는 음식쓰레기를 처리해줄 뿐 아니라(100마리가 약 5Kg), 땅을 기름지게 하는 분변토를 만든다.

35일 : 주로 사용하는 공간에 온도계를 마련해서 걸어두고, 실내 적정온도(여름철 26~28도, 겨울철 18~20도)를 기록해두라. 여름에 집이 더우면 에어컨을 켜기보다 창문을 열고 선풍기를 사용하라. 겨울에 내복을 즐겨 입고 집안이 추워진다 싶으면 스웨터를 입으라.

36일 : 오늘 하루는 생수 대신 수돗물을 끓여 먹어보라. 세계적으로 연간 1억 6천만 톤의 생수가 소비된다. 500밀리 생수 한 통을 만드는 데 작은 우유팩 하나 분량의 석유가 사용된다. 그런데 80% 이상의 생수통이 재활용되지 못하고 있다. 또 무분별한 생수 이용은 미래의 지하수 고갈을 부른다. 지자체에 집, 학교, 교회의 수돗물 검사를 의뢰해 상태를 점검하고 생수 사용을 줄여보라.

37일 : 오늘 하루 휴지를 아껴 사용하라. 대신 손수건을 즐겨 사용하라. 국민 한 사람이 한 해 동안 사용하는 두루마리 화장지는 35m 짜리 17개 정도다. 식당은 물론 화장실에서까지. 거기다 사각 티슈까지 합치면 어마어마한 양이다. 손을 말리는 데 화장지 대신 핸드드라이어를 사용하는 것은 어떨까? 매일 100만 명이 핸드드라이어를 1분 사용하면 연간 4만 3천만 톤의 이산화탄소가 배출된다. 이걸 흡수하려면 160만 그루의 소나무가 필요해진다. 손수건을 사용하면 문제는 쉽게 해결된다.

38일 : 빈병과 캔을 분리수거해서 버리고 있는지 살피라. 폐플라스틱

1Kg을 재활용할 경우 약 1Kg의 이산화탄소 발생을 줄일 수 있
다. 알루미늄 캔 1개를 재활용하면 60Wh, 백열전구를 약 27시간
동안 사용할 수 있는 에너지가 절약된다. 잘 버리고 있다면, 주변
에 재활용되어야 할 것이 그냥 버려지고 있는 것이 있는지 더
살피라.

39일 ; 자신이 다니고 있는 교회학교를 지구를 위한 녹색교회학교로
만들 수 있는 방안을 세워보라. 선생님과 더불어 전도사님이나
교육목사님을 찾아가 제안하라. 관련 자료는 기독교환경운동연
대(www.greenchrist.org)를 통해 얼마든지 받을 수 있다.

40일★ : 집에서는 첫날 빼놓았던 전구를 에너지절약형 백열전구로 바
꾸라. 백열전구는 전력의 5%, 형광램프는 40%만 빛으로 바꾸지
만, LED는 전력의 90%까지 빛으로 바꾼다. 가정에서 사용하는
전기의 1/4는 불을 켜두는 데 쓴다. 집안 조명을 LED로 바꾸기만
해도 많은 에너지를 절약할 수 있다. 한편 교회에서는 더욱 열심
히 지구를 위한 삶을 살겠다고, 그리고 교회 내 어른들과 함께
고통받는 이웃과 자연을 위해 노력하겠다고 서약하라.

혹 사순절의 40일이 길다고 느껴지면, 주님이 로마군에 붙잡혀 빌라
도의 재판을 거쳐 십자가형을 받기까지 지상에서 겪은 고난을 기념하는
한 주간, 곧 고난주간만이라도 예수님의 고난을 피조물의 고통과 더불
어 묵상할 수 있게 해주어도 좋을 것이다. 다음은 기독교환경운동연대
가 2000년 고난주간에 회원들과 함께 묵상한 내용의 일부이다.

고난주간 녹색묵상

그리스도의 고난, 피조물의 고통

첫째 날(월요일) - 열매 맺지 못하는 나무들(마 21:18-19)

둘째 날(화요일) - 오염된 성소(막 11:15-16)

셋째 날(수요일) - 가난의 위대함(막 12:41-44)

넷째 날(목요일) - 오염된 빵과 포도주 속의 주님(막 14:22-26)

다섯째 날(금요일) - 생명이 사라지는 고통(막 15:34, 37)

여섯째 날(토요일) - 죽음을 감추는 세상(마 27:66)

일곱째 날(주일) - 죽음의 세력을 넘어서(막 16:6)

- 기독교환경운동연대 2000년 고난주간 묵상자료 참고

부활절과 환경주일, 그 밖의 주일

이어지는 절기는 교회의 가장 오래된 절기이며 교회력의 핵심인 부활절(Easter)이다. 주님이 부활하신 것을 기념하는 이 절기면 교회마다 예쁘게 장식한 부활 달걀을 나눈다. 죽음을 깨치고 부활하신 그리스도의 위대함과 놀라움을 굳은 달걀껍질을 깨고 태어나는 병아리로 표현하는 것이다. 그 의미를 보다 더 잘 드러내려면, 생명을 잉태할 수 없는 무정란보다는 암수가 자유롭게 어울려 낳은 유정란으로 준비해야 함이 옳다. 그래야 새로운 생명의 기원인 부활을 묵상하고 죽음을 이기는 새 삶을 살아가게 하는 예배와 다양한 프로그램도 그 효과를 더할 수 있을 것이다.

다음으로 총회가 여러 교단과 함께 정하여 지키고 있는 환경주일(1992년부터 6월 첫 주일)의 경우는 필히 해마다의 주제(2011년 주제 : 신음

하는 피조물에게 자유와 희망을)에 맞추어 지킴으로 교우들이 지구를 위한 선한 청지기로서의 소임을 다할 수 있게 해주어야 할 것이다.

또 추수감사절이면 농촌에 가서 일 년 동안 자란 농작물을 직접 보며 함께 감사예배를 드려도 좋다. 평소 도시교회와 농촌교회가 함께 교회밥상을 차리는 노력을 했다면, 그 예배가 더 뜻 깊을 것이다.

한편 9월 첫 주일을 창조주일로 하여서 몇 주 동안 창조에 관하여 생각하는 기간으로 정하여 지키고 있는 교회들도 있는데, 이를 적극 수용해보는 것도 좋다.

때로는 교회 절기만이 아니라 계절의 전환점인 24절기를 기억하여 환경교육과 연결해도 좋다. 최근 온난화로 24절기가 뒤죽박죽되긴 했지만, 한 해 동안 24절기에 맞춰 말씀을 선포하고, 또 그에 맞는 먹을거리를 교회밥상과 교회학교 간식으로 준다면 하나님의 창조질서를 제대로 이해하는 데 큰 도움이 될 것이다. 철마다 하나님이 주시는 먹을거리를 골고루 먹으면서 생명과 자연의 변화에 대해 이야기하는 것이야말로 최고의 생명교육이다.

그리고 또 한 가지, 가능하다면 한 달에 한 번 혹은 요일별로 매일 지금의 지구위기를 생각하며 한 가지 주제씩 정하여 묵상하면서 '지구를 위한 약속' 캠페인을 할 것을 제안한다. 하나님의 창조동산인 지구를 다시 회복하는 것은 우리의 일상생활이 변화되지 않으면 다다를 수 없는 것이기 때문이다. 이에 관해서는 월별 환경지침과 요일별 생활 속에서 지켜야 할 환경지침이 담겨 있는 생태달력(문의: 02-711-8905)이 도움이 될 것이다.

생태달력의 환경력과 실천지침에 맞추어 일 년 동안 진행할 신앙적 차원의 생명교육 프로그램을 짤 경우 다음과 같은 계획표를 세월 수 있겠다. 특징적인 것은 '지구를 위해 없이 지내는 날, Nothing-Sunday for Earth'을 정하여 그리스도인이 '하지 말아야 할 것들'에 대해 성찰하도록 해보는 것이다. '일회용 컵 없는 주일', '비닐 없는 주일', '고기 없는 주일', '차 없는 주일' 등 때에 따라서는 매달 주제를 달리하지 않고 집중과제를 정하여 반복적으로 훈련할 수도 있다. 훈련을 하고자 하는 이들에게는 학습교재로 『풍성한 생명, 지금 여기』(한국교회환경연구소 엮음, 쿰란출판사 펴냄)란 제목의 기독교 생활 속 환경교육 교재를 추천한다.

월	교회력 / 환경력	지구를 위해 없이 지내는 날	삶 적용을 위한 활동 (환경 캠페인)	학습 주제 - 활용하는, 교육교재의 단원
1	신년주일	일회용(컵) 없는 주일	신음하는 피조물을 위해 기도합시다. 풍성한 생명을 위한 실천계획을 세웁시다.	머무름: 어디에서 머무르며 무엇을 하는가?
2	습지의 날	비닐 없는 주일	생태계 보고인 갯벌과 습지를 보호합시다. 장바구니를 들고 다닙시다.	
3	물의 날	고기 없는 주일	물을 재활용하여 아껴씁시다. 친환경세제를 사용합시다.	물: 우리에게 어떤 의미인가?
4	부활주일 / 지구의 날	종이 없는 주일	나무를 심고 가꿉시다. 개인컵을 들고 다닙시다.	종이: 어떤 결로 얼마나 사용할까?
5	바다의 날	쓰레기 없는 주일	쓰레기를 만들지 맙시다.	쓰레기: 어디서 와 어디로 갔을까?
6	환경주일 / 사막화방지 날	남은 음식물 없는 주일	환경주일을 지킵시다. 먹을만큼 덜고 남기지 맙시다.	쉼: 언제 어디에서 쉬는 것이 좋을까?
7	맥추감사주일		자연에 어울리는 휴가를 보냅시다. 재활용을 이용합시다.	
8	에너지의 날	전기 없는 주일	실내적정온도 유지하여 에너지를 아낍시다. 녹색에너지로 핵 없는 세상을 이룹시다.	전기: 어디서 오며 어떻게 쓰고 있나?

9	창조주일	차 없는 주일	국내산 유기농으로 생명밥상을 차립시다. 대중교통을 이용하고 자전거를 이용합시다.	걷기와 탈것: 무엇을 선택할까?
	차 없는 날			
10	화학조미료 안 먹는 날	첨가물 없는 주일	기후변화를 막을 수 있는 숲을 지킵시다. 산책을 통해 생태 감수성을 살립시다.	밥: 무엇을 어떻게 먹을까?
11	추수감사주일	낭비(소비) 없는 주일	단순소박한 삶을 즐깁시다. 필요 이상으로 누리는 것을 찾아 나눕시다.	옷: 어떻게 관리해야 할까?
	아무것도 사지 않는 날			
12	성탄주일	말 없는 주일(침묵)	연말연시를 검소하게 보냅시다. 내복을 입어 에너지를 아낍시다.	
	종 다양성 보호의 날			

2부

'살림'을 위한 제언

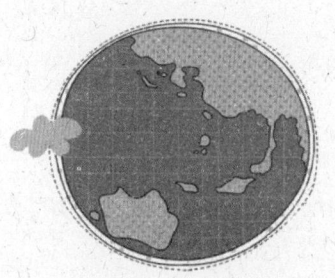

생명다양성 보전을 위한 실천들

올해(2010년)는 유엔이 정한 '생물 다양성의 해'이다. 지구상에 존재하는 다양한 생물들이 인간 때문에 멸종당하지 않고 생존할 수 있게 하자는 취지에서 마련되었다.

현재 멸종위기에 처한 생물은—1963년부터 Red List(멸종위기 생물 종 목록)를 발표해온 국제자연보호연맹(IUCN)에 의하면—전 세계 양서류의 3분의 1, 포유류의 5분의 1, 조류의 12%, 모든 식물의 70%나 된다고 한다. 전체 종의 수로 보면 47,677의 생물종 가운데 17,291종이 멸종위기에 처해 있는데, 정확한 수치는 아니나 멸종속도가 무분별한 산업발전이 없을 때보다 1,000배는 빠르다고들 한다. 우리나라의 경우는 생물종 10만 종 가운데 해마다 500종, 매일 1.4종이 사라지고 있다는 게 환경부의 보고다.

이들의 사라짐은 물과 공기를 정화시키고 흙을 생성하는 등 인간이 살아갈 기본 환경을 만들어주는 생물다양성의 상실이라 할 수 있다. 머지않아 식량, 산업자재, 의약재료 등 우리가 살아가는 데 꼭 필요한 에너지와 자원을 자연에서 제공받지 못할 수도 있다는 얘기다.

"자연의 규모나 광대함에 비하면 무시해도 좋을 만큼 미미하게 생명 무대에 등장했던 인류는 오늘날 지구 생태계의 역사에 중요한 등장인물이 되었다. 지속적이고 심오한 변화의 직간접적인 원인인 인류는 지구 생태계 전체, 즉 토양, 물, 기후, 그리고 지구에서 살고 있는 동식물상 전체에 영향을 끼치고 있다. 따라서 우리가 아무런 불안감 없이 파괴하고 있는 것들이 우리의 미래는 아니더라도 적어도 우리의 아이들이나 손자들의 미래일 수 있다."

— 로베르 바르보의 『격리된 낙원』 중에서

과연 우리가 기후 재앙과 멸종이 불러올 최악의 상황은 피할 수 있을까? 처음 창조 때처럼 각 생물들이 '생육하고 번성할'(창 1:22, 28) 수 있도록, 생물종의 다양성을 '지키고 돌보는'(창 2:15) 그리스도인이 있는 한 결코 절망은 금물이다. 그들을 기대하며 몇몇 자료들에 담겨 있는 내용들을 토대로 우리가 할 바를 정리하여 여기에 싣는다.

생물다양성 보존을 위한 기도

종을 유지하는 가장 최선의 길은 그들의 서식처를 그대로 유지하는 것이다. 그런 점에서 최근 4대강 사업과 같이 수많은 생물들의 터전을 건드리는 일은 신중해야 한다. 창조의 모습 그대로 두는 것이 최선일지나, 혹 바꾸어야 한다면 지속가능하면서도 공평하게, 반드시 생태계 수용능력 안에서 해야 할 것이다. 지금이라도 '생물들은 창조 때부터 그 종류가 많고 다양했다'는 사실을 제대로 인정하자. 당장 눈에 띄지 않는다고 이들 생물종의 영향력을 업수이 여기는 일은 없을 것이다. 그리고 '생물다양성이란 한 번 파괴되면 되살리기 쉽지 않다'는 것 또한 솔직히 고백해보자. 생물다양성의 보고인 강과 산, 토양을 파헤치는 개발을 멈추는 것은 물론이거니와, 진정으로 풍요로운 삶, 그리고 지구와 작별을 고하는 수많은 생물들을 위한 기도를 자연스레 드릴 수 있게 될 것이다. 생물다양성보존협약 발효일을 기념하여 만든 '생물종 다양성 보전의 날(12월 29일)'엔 특별기도모임을 가져도 좋을 것이다.

'생물다양성'에 대한 학습

실천에 앞서, 중요한 것은 생물다양성에 대해 제대로 이해하고 보전을 위한 훈련을 받는 것이다. 전문가들은 생물들이 사라져가고 있는 것 이상으로 생물다양성의 실체를 모르고 있다는 사실이 더 안타깝다고 한다. 강을 살리기 위해 진행한다는 공사 현장(여주 남한강)에서 멸종위기 식물인 '단양쑥부쟁이' 군락지가 뭉개지고 멸종위기 어류인 '꾸구리'가 죽어가는 걸 볼 수밖에 없는 것도 그러한 이유 때문일 게다.

하나님은 천하보다 한 생명을 더 아끼시는 분이시니, 우리를 포함한 모든 생물들이 '생육하고 번성할' 수 있는 방법을 찾아 행해볼 일이다. 우선은 생물다양성에 대한 배움에서 시작하자. 멀리 가지 않더라도 탄성을 자아내게 하는 자연이 우리 주변에 많다. 그들 생명에게서, 하나님과 사람, 사람과 사람, 사람과 자연이 조화롭게 사는 삶, 생태영성이 자라날 것이다.

풍성한 생명을 위한 마을 만들기

다양한 생물이 깃들어 있는 곳은 물, 공기, 토양 등의 자연이 창조 안에서 본래의 모습을 잘 간직하고 있는 곳이다. 살고 있는 마을에 창조의 원형이 나름대로 잘 보존되어 있는 곳을 찾아 그 안에 살고 있는 다양한 생명을 헤아려보자. 마을 안에 있는 숲과 계곡, 강과 하천, 논과 저수지 등 탁월한 곳이 발견되면, 각각의 지역이 연결될 수 있도록 녹지축(생태계 연결 녹지)을 만들어줄 일이다. 교회가 중심이 되되, 마을 주민들과 더불어 생물다양성을 지켜주는 숲과 하천을 창조의 모습 그대로 되살려낼 수만 있다면 그것 이상 더 좋은 일은 없다.

생활실천(1) : 재생종이 사용

종이 소비가 열대림 파괴를 부추겨 생물 종의 멸종까지 걱정하게 되었다. 생물다양성을 과학에 접목시킨 보존생물학자인 러브조이(Thomas Lovejoy)는 열대림 파괴면적이 곧 멸종생물의 수와 같다며, 2030년까지 열대림의 약 60%가 사라질 것이라고 예측했다. 생물종도 그로 인해 절반 이상 지구상에서 사라질 것이라고 주장했다. 우리나라의 경우 국민 한 사람이 평생 소비하는 종이를 나무로 계산하면 $900m^2$의 숲에 자라는 30년생 87그루의 나무들 만큼이라고 한다. 1년으로 치면 3그루라 하는데, A4 용지로 계산하면 12박스에 달한다고 한다. 종이 한 장한 장이 창조의 숲에서 온 것임을 고백하며 '지키고 돌보는'(창 2:15) 그리스도인이 절실하다.

생활실천(2) : 일주일에 하루 채식

육류 소비 역시 열대림 파괴에 지대한 영향을 미친다. 최근 지구정책연구소가 발표한 보고서에 의하면, 중국에서 최초로 경작된 콩은 이제 세계 주요작물 중 하나일 뿐이라고 했다. 지난 50년 동안 콩 수확량은 14배 증가했는데, 그 가운데 30%만이 우리를 위한 생산물이었고, 70%는 가축과 가금류를 위해 사료로 가공 처리된다고 한다. 세계 제2의 콩 생산지가 된 브라질의 경우 5,500만 톤을 수확하는데 중국 등에서 75%를 수입해 가축사육에 소비한다고 한다. 열대림 보존은 콩 수요를 줄이는 것 즉 채식을 늘리는 데 있다는 결론이다. 그리스도인들이 이에 앞장서 일주일에 하루 채식을 해간다면 그 효과는 엄청날 것이다. 한 사람의 채식이 매년 1인당 1,224평의 나무를 살려, 50년이면 1인당 약 6만 평 이상의 숲을 보호한다고 하니까, 70명의 성도가 한 주에 하루 온전히 채식을 하면 동일한 효과를 낼 수 있다.

생활실천(3) : 종 다양성을 생각하는 쇼핑

- 참치를 삼가되, 먹을 땐 '돌고래 안전' 상표를 확인!
- 유기농 제철제품을 구매하면, 살충제를 피할 수 있어 건강한 생명이 보장!
- 수질을 오염시켜 생명을 해치지 않는 재료로 만들어진 세제를 사용!
- 지속가능한 숲에서 나왔다는 것을 뜻하는 산림관리위원회(Forest Stewardship Council, FSC) 상표가 붙은 목재제품을 사용!
- '공정거래' 제품을 선택! (초콜릿이나 커피 생산자에게 합당한 가격이 제공되기에 숲이 보호되고, 아동노동이나 화학약품이 이용되지 않음)
- 멸종 위기의 야생동식물에서 나온 장신구나 제품, 음식은 사기 전에 꼭 확인(특히 해외여행 때 조심)!

지금 지구상에는 아담과 그의 후손이 이름붙인 생물종이 약 170만 종이 살고 있다(UNEP). 그 수가 엄청난 것 같지만, 우리의 욕심과 잔인함으로 사라지고 있는 생물종을 생각하면 보존을 위한 실천적인 노력이 시급한 실정이다.

자신 앞에 다가선 다양한 생물들과 진지한 만남을 가졌던(창 2:19) 아담을 기억하고, 우리도 주변 생물들에게 진심으로 다가서자. 그리고 하나님께 순종함으로 홍수 심판의 한 가운데서 다양한 생물종을 지켜냈던 노아처럼 '생명을 풍요롭게 하시는 주님'(요 10:10)에게 공손히 순종함으로 생물종을 온전히 보전해낼 수 있기를 기도한다.

〈녹색신앙정론지 『새하늘 새땅』 18호에 기고한 글〉

구제역,
생명밥상을 향한 희망의 충언

하나님께서 사람을 비롯한 세상 만물을 창조하신 후에 건넨 첫 말씀은 '생육하고 번성'하여 땅에 충만하라(창 1:22, 28)였다. 생육하고 번성하라는 것은 생명을 향하신 하나님의 축복이자 동시에 명령이다. 그런데 요즘은 받은 복을 누리기는커녕 명령을 준행하는 것은 꿈조차 꾸기 힘들어졌다. 사람은 물론 하나님이 만드신 모든 피조물이 생명을 유지하는 데 있어 가장 기본적으로 필요로 하는 밥이 위기를 맞았기 때문이다.

'밥'의 위기는 단순히 세끼 밥상에 올라오는 먹을거리의 문제만이 아니다. 한 생명이 살아가기 위해서는 밥뿐 아니라 물, 공기가 필수적이다. 실제로 사람들은 하루에 1.5Kg의 밥을, 2Kg 이상의 물을, 5Kg 이상의 공기를 자연에서 취한다. 구제역에 걸린 가축들도 그렇지만, 매몰에 따른 식수 오염, 그리고 일본 후쿠시마 원전사고로 발생한 방사능 공포는 바로 이 세 가지, 공기와 물 그리고 밥을 극한 상황으로 몰아넣고 있는 사례들이다.

이대로 가다가는 '우주 삼라만상을 통해 한 상 베푸시는 하나님'(시 23:5)을 노래할 수 없게 될 수도 있다. 생명의 필수조건인 의식주 모두, 그러니까 숨 쉬고, 먹고, 자고, 이동하는 기본 생활이 위험에 노출되어 있는데다 그 정도가 어찌해볼 도리가 없을 만큼 망가졌기 때문이다.

이번 구제역 사태는 우리의 밥이 처한 위기, 곧 심각하게 망가진 밥상의 현실을 드러내는 한 가지 사례라 할 수 있다. 따라서 진정 기미를 보이고 있는 구제역을 보며 안심하거나, 이번으로 끝날 것이라고 생각하는 것만큼, 어리석은 일도 없을 것이다.

'생육하고 번성'할 수 없게 한 구제역

"너희는 너희가 거주하는 땅을 더럽히지 말라. 피는 땅을 더럽히나니 피 흘림을 받은 땅은 그 피를 흘리게 한 자의 피가 아니면 속함을 받을 수 없느니라. 너희는 너희가 거주하는 땅 곧 내가 거주하는 땅을 더럽히지 말라. 나 여호와는 이스라엘 자손 중에 있음이니라."(민 35:33, 34)

지난해 11월에 시작된 구제역은 가축들이 더 이상 '생육하고 번성'할 수 없게 된 극한 상황을 보여주었다. 구제역이 처음 발생한 이후로 2월 16일까지, 전국적으로 소가 15만 726마리, 돼지가 318만 5116마리 살 처분되었고, 조류독감으로 닭, 오리가 545만 4835마리, 염소 6148마리, 사슴 3053마리 등 모두 879만 9878마리의 가축이 생매장되었다.[1] 1천만 마리에 가까운 가축이 잔인하게도 산채로 죽음을 맞은 것이다.

본래 구제역은 수백 년 동안 소, 양, 돼지를 따라다닌 질병이었다. '대혼란'의 저자인 앤드류 니키포룩은 "병든 가축에게 따뜻한 죽과 부드러운 건초를 먹이고 쓰라린 상처를 핥지 않도록 돌보면 보름 안에 완치되는 병"이었다고 말한다. 그야말로 잘 쉬게 하면 낫던 병이란 말이다. 그럼 왜 병에 걸렸거나 가까이 있었다는 이유만으로 그토록 많은 가축들을 살 처분할 수밖에 없었던 것일까?

육류 수출을 위한 구제역 청정국 지위를 지키기 위해? 치사율도 낮고 인간에게 위해가 없는 질병임에도, 구제역 발생 족족 가축을 죽인 까닭은 '상품성' 때문이었다. 마땅한 치료제도 없는 데다, 일단 감염되면 소의 경우 우유 생산량이 급감하고 체중이 감소해 상품성이 떨어지며 질병이 빠른 속도로 전파되어 다른 가축에게 옮기기 때문이란 것인데 그 결과가 어땠는가? 20억에 수출되는 돼지고기를 위해, 2조원에 달하는 살처분 비용을 썼을 뿐 아니라 결국 백신 처방도 했다.

결국 구제역이란, 사람들의 육식을 위해 태어나 이윤을 목적으로 사육되는 가축인 한에 있어서는 단순한 질병이 아니라 '죽음'일 수밖에 없었던 것이다. 그러니 축산업의 기반이 흔들릴 정도로[2] 가축을 매몰시키고도 여전히 밥상에 고기를 올리는 것이 아무렇지도 않은 것이다.

---

[1] 3월 1일 현재로, 구제역에 따른 살처분 가축 수는 345만여 마리로 역대 최대다. 이는 2000년 이후 역대 4차례의 구제역 매몰 마릿수를 합친 것보다 12배 이상 많은 숫자라고 한다.
[2] 이번 구제역 사태로 매몰된 돼지의 경우 전국 양돈 규모의 1/3에 해당한다. 축산 농가가 돼지 새끼를 들여와 출하하는 데 2년가량 걸린다는 점을 감안하면 우리 축산업의 기반은 상당기간 동안 흔들릴 수밖에 없다.

가축들이 묻힌 곳이 4,400여 곳인데, 곳곳의 침출수와 토양오염 문제뿐 아니라 사체에서 서식하고 있던 살모넬라, 캄필로박터균, 대장균 등의 미생물과 질산성 질소, 암모니아성 질소 등 유해화학물질 등이 침출수를 타고 흘러나와 지하수를 오염시키면서 밥보다 더 자주 더 많이 마시는 물 문제를 야기할 수 있다고 우려하면서도 여전히 말뿐일 수 있는 것이다.

구제역, 공장식 축산업과 죽임의 밥상에 대한 경고

"모든 산 동물은 너희의 먹을 것이 될지라. 채소같이 내가 이것을 다 너희에게 주노라. 그러나 고기를 그 생명되는 피째 먹지 말 것이니라. 내가 반드시 너희의 피 곧 너희의 생명의 피를 찾으리니 짐승이면 그 짐승에게서, 사람이나 사람의 형제면 그에게서 그의 생명을 찾으리라. 다른 사람의 피를 흘리면 그 사람의 피도 흘릴 것이니 이는 하나님이 자기 형상대로 사람을 지으셨음이니라."(창 9:3-6)

우리가 '생육하고 번성'할 복을 누리듯, 하나님이 만드신 모든 생명들은 그들 나름대로 하나님의 창조 안에서 '생육하고 번성'하며 행복하게 살아갈 권리가 있다. 따라서 가축이 구제역에 걸렸다거나 가까이 있었다는 이유만으로 살처분한 것은 옳지 않았다. 강한 전염력 때문에 어쩔 수 없다고 하지만, 아니다.

사실 이번 구제역 사태의 이유는 '전적으로 집약화되고 효율만을 추구해온 현대 축산방식'에 있었다. 공장과도 같은 농장에서 밀집 사육되는 가축은 전염병에 취약할 수밖에 없다. 움직이지도 못하게 하면서 살만 찌워 '고기'를 얻거나 밤낮없이 '알'만 생산하게 하니 면역력이 있을 리 없다. 또 가장 값싸게 생산하려다보니 사육되는 가축의 삶은 비참함 그 자체이다. 평생 답답하고 부적합한 환경 속에서 감금되어 사육되는데, 마치 사료를 고기로 전환하는 기계와도 같다. 소는 풀 대신 동물성이 섞인 사료에 성장촉진제와 항생제를 함께 먹으며 사육되고 있고, 돼지는 평생 햇빛 한 줌 보지 못한 채 사육되다 먹이가 되고, 암퇘지들은 옴짝달싹하지도 못한 채 누워 새끼들에게 젖만 먹여왔다. 닭은 태어나자마자 부리가 잘리고 사육되는데, 암탉은 A4 용지 한 장 크기도 안 되는 닭장에서 밤낮없이 알만 낳고 있다. 그러다보니 이들 가축들은 평소 엄청난 양의 항생제와 백신에 찌들어 살아간다. 거세, 어미와 새끼의 분리, 무리의 분리, 낙인, 수송 그리고 도살 등 모든 과정에서 가축들에 대한 배려는 없다. 오직 고통만이 주어질 뿐이다. 생명에 대한 폭력만이 있을 뿐이다.

여기서 우리가 눈여겨볼 것은, 이를 부추기는 '우리의 고기에 대한 집착, 식탐'이다. 이것이 이번 구제역 사태의 또 다른 근본 이유이다. 지금 우리는 과거에 비하면 상당히 많은 양의 고기를 먹고 있다. 1인당 연간 무려 35.5Kg(쇠고기 7.5Kg, 돼지고기 19.1Kg, 닭고기 9Kg - 2008년 기준)이나 먹고 있는데, 그 양을 만들어내기 위해 축산인들은 한 해 동안 소 250~270만 마리, 돼지 1,000만 마리, 닭은 1억~1억 3천 마리 사육한다. 그리고 소 60~70만 마리, 돼지 1천 3백만 마리, 닭 6억~6억 5천만 마리, 그리고 오리 3천만~4천만 마리를 한 해 동안 도축한다고 한다. 이는 20년 전보다 2배나 늘어난 양으로, 1인당 연간 쌀 소비량이 75.8Kg인 것을 생각하면 지나치게 많을 뿐 아니라 우리의 신체 구조나

오랜 식습관을 생각해도 그러하다.

이 두 가지는 지금껏 우리가 차려온 밥상이 질적으로나 양적으로도 생명의 밥상이 아닌 죽임의 밥상이었음을 말한다. 우리가 행사한 폭력으로 인해 고통의 한가운데에 있었던 생명, 곧 피조물의 탄식의 자리(롬 8:22)에서 온 고기는 하나님이 허락하신 생명의 밥이 아니다. 그것은 하나님께서 먹지 말라고 하셨던 '피째' 먹히는 먹을거리다(창 9:4). 그런 고기를, 단지 '먹음직도 하고 보암직도 하다'고 자꾸 밥상에 올려 먹다가는 하나님이 지으신 동산, 이 땅에서 살 수 없게 되는 날이 곧 올지도 모를 일이다. 아니 지금도 그 징조들은 여러 곳에서 나타나고 있다. 이미 우리의 몸과 마음이 심히 병들었고, 또 자연과 이웃이 굶주림 가운데 크게 신음하며 죽어가고 있다.3)

구제역 사태가 던져주는 희망의 충언, 생명밥상

구제역 사태를 겪었지만, 여전히 고기 소비량은 줄지 않고 있다. 줄어들기는커녕 오히려 가격이 불안정해진 틈을 타 일부 대형마트에서는 값싼 수입고기들을 판매하기까지 하기도 했다.

애당초 죽임의 밥상만을 오랫동안 대해온 이들에게 변화를 기대한다는 건 무리였는지도 모르겠다. 사람들은 그동안 하루 세끼 밥을 챙겨 먹을 때 단지 끼니를 때웠을 뿐 참 나를 아는 진지(眞知)를 듣지 못했다.

---

3) 현재 10억의 인구가 굶주리고 있는 반면, 10억 인구가 비만으로 고생하고 있다는 사실은 이미 알려진 사실이다. 그리고 대부분의 사람들이 지구온난화의 원인으로 화석연료를 주목하지만 실은 전 세계 온실가스의 18%가 축산업에서 발생한다.

'더 빨리, 더 많이'만을 추구하는 우리의 삶을 반영하듯, 무엇을 먹고 있는지, 무슨 맛인지 느낄 겨를도 없이 그저 삼키기에 바빴고, 그러다보니 밥이 밥상에 올라오기까지 있어온 이들을 알리 만무했다. 그러니 이번 사태로 그들이 생명에 대한 존중하는 마음을 갖고 밥상을 차려줄 것이라고 기대한 것이 오히려 무모한 일이란 생각이 든다.

지난 10여 년 동안 기독교환경운동연대와 더불어 생명밥상운동을 벌여온 이들은, 요즘 구제역 사태를 바라보면서 마음을 다시 추스르고 있다.4) 죽임의 밥상이 아닌 생명의 밥상을 차려 몸과 마음은 물론 영혼을, 그리고 창조하신 이 땅을 온전히 지키고 돌보겠다고 말이다. 그들이 먹을거리를 밥상에 올릴 때 기본으로 생각하는 것은 생명의 사랑이다. 극한 상황 속에서 죽어간 생명들의 고통이 아니라 기꺼이 자신의 생명을 내어준 생명의 사랑이다.

"지금처럼 대량사육에서 벗어나 먼 옛날처럼 좋지 않은 시설이라도 가축으로 함께 살면서 사랑이 깃든 먹이를 먹고 자란 후 인간의 건강유지에 필요시 저희 몸을 헌신하는 게 저희들의 바람입니다."

---

4) 그들이 밥상을 차리던 원칙은 다음과 같다(생명밥상수칙).
  • 몸에 좋고 지구에 좋은 것은 철 따라 주어진다
    ① 국내산, 유기농산물을 애용한다. ② 제철음식을 먹는다.
    ③ 가공식품을 삼간다. ④ 외식을 최대한 줄인다.
  • 깨끗하고 단순한 밥상은 주님을 기쁘게 한다
    ⑤ 계획 구매하여 오래 보관하지 않는다. ⑥ 단순하게 조리하여 먹을 만큼 담아낸다.
    ⑦ 반찬 수를 줄여 간소한 상을 차린다. ⑧ 육식보다 곡식과 채소를 즐긴다.
  • 감사하는 마음으로 먹으면 오병이어의 기적이 일어난다
    ⑨ 생명 주심에 감사하며, 천천히 먹는다. ⑩ 신음하는 이웃을 생각하며 소식하다.
    ⑪ 남기지 않고 그릇을 깨끗이 비운다. ⑫ 최소한으로 배출된 음식쓰레기는 재활용한다.

지난 2월 종교인들의 기자회견에서 낭독된 돈(豚)공의 고백이다. 고기든 풀이든 열매이든 고통 중에 자란 먹을거리는 우리의 몸과 마음은 물론 영혼을 병들게 할 뿐이다. 돈(豚)공의 고백처럼, 생명의 사랑을, 자신의 생명을 기꺼이 내어준 먹을거리를 밥상에 올려야 할 일이다. 오늘 우리가 대한 밥상에 올라온 먹을거리를 떠올려보자. 생명의 사랑이었는가? 아니면 생명의 고통이었는가? 그리스도인이라면 생명의 밥으로 오신 주님을 생각해서라도 바로 여기서부터 새로이 시작할 일이다.

생명살림의 세상을 여는 '생명밥상'을 위한 제언

생명에 대한 폭력이 난무하는 세상에 당신의 생명을 먹이로 내어주셨던 주님(요 6:51)을 모시듯 밥상을 차려 나눈다면 어떨까? 우리도 세상의 밥되어 세상을 사랑하게 될 수 있을까? 만약 그렇게 되지 못한다면 우리가 받은 복(창 1:22, 28)을 다시 찾을 수 있는 기회가 우리에게 주어지지 않을 수도 있다.

혹시 주님처럼 온전해지지 못할지라도, 우리는 작은 것에서부터 세상의 밥되는 일을 찾아 실천해야 한다. 그러면 주님께서 잘했다 칭찬하시며 우리에게 새 하늘과 새 땅을 허락하실 것이라 믿고 말이다. 그날을 위해, 그런 밥, 그런 밥상을 차려보자.

다음은 지난 10여 년 동안 전개되어온 생명밥상운동에 기초해 제안하는 해볼 만한 일이다.

예배로부터 신음하는 피조물의 해방을!

예배를 통해 고통받고 있는 가축은 물론 수많은 생명에 대한 사랑을 불러일으키자. 피조물의 탄식소리를 듣고 그들에게 고통을 안겨준 자신의 삶을 회개한다면, 인간 중심적 생각에서 벗어나 생명 중심의 삶을 살아가게 될 것이다. 탄식하는 피조물들이 하나님의 자녀들에 의해 고통에서 해방할 수 있도록 기도하는 가운데, 성도들은 과도한 육식을 삼가게 될 것이고, 그를 부추기는 공장형 축산과도 단절을 시도하게 할 것이다.

더불어 매주일 교우들이 예배 후 성서에 근거한 생명의 밥상(지역 내 건강한 흙에서 온 것으로 차려진 밥상)을 대하게 된다면 주님을 모시듯 기쁨으로 먹을 수 있게 될 것이다. 만물과 더불어 하나님을 찬양할 수 있을 것이고, 또 삶 속에서 다른 생명과 공존하는 길을 자연스레 걸을 수 있게 될 것이다.

밥에 대한 정보 알기(고통 중에 자란 먹을거리 구매 거부)

요즘 우리들은 밥이 밥상에 올라왔을 때 원재료를 분간할 수 없을 정도로 형태가 바뀌는 것이 많다. 자연에서 온 그대로가 아닌 가공된 것이 많기 때문이다. 그러다보니 밥을 먹으면서도 원재료가 무엇인지, 농부는 물론 다른 생명들이 어떤 대가를 치렀는지, 자연에는 어떤 영향이 미쳤는지 생각하지 못하는 경우가 많다.

밥상을 차릴 땐 그 밥이 어디서 누구의 손에서 자란 것이고, 얼마나 먼 거리에서 온 것인지, 고통 가운데 자란 것은 아닌지 등 밥의 정보를,[5]

---

5) 원산지와 생산자, 푸드 마일리지, 가축복지 등.

꼭 알 수 있어야 한다. 그리고 밥상을 차린 이는 그것을 밥 먹는 이에게 알려줄 의무가 있다. 그래야 밥을 거룩하게 여기며 자신의 필요(마 6:11)에 따라 먹어 자신의 몸은 물론 굶주리는 이웃과 신음하는 자연을 돌보는 삶을 살게 될 것이다. 하나님의 은혜와 세상의 정성에 진심으로 감사하게 되어 온전한 삶을 살게 될 것이란 말이다.

밥의 정보를 살피다보면, 때때로 밥상에 오른 피조물의 탄식소리를 들을 수도 있게 될 것이다. 그 때는 구매 거부 캠페인을 전개해 봐도 좋을 일이다. 학대받는 고기와 같이 피조물의 심한 탄식이 담긴 것이라면 더 더욱 그러하다. 물론 우리나라에서는 축산물에 대한 정보가 부족해 어려울 수는 있다. 우선 여러 가지 방법으로 정부가 가축의 질병 유무 및 동물복지에 대한 조사를 실시하여 제공할 것을 요구하는 일에서부터 시작해볼 수 있겠다.

가까운 거리에서 제철에 건강한 흙에서 난 것을 애용하기

그리스도인이라면 '흙으로 지음 받아 흙에서 난 것을 먹고 살다가 다시 흙으로 돌아가기' 위해서라도 날마다 흙에서 난 것, 특별히 건강한 흙에서 난 것을 구하여 먹을 일이다.

그리고 몸이 '하나님의 영이 거하시는 거룩한 성전'(고전 6:19-20)인 만큼 밥상에 올리는 것은 거룩한 먹을거리로 차여야 할 것이다. 거룩한 것이란 깨끗하고 안전한 것을 일컫는 것으로, 가장 신선하고 최고 품질의 자연 그대로의 음식을 말한다. 달리 말하면 건강한 흙에서 난 것, 사철이 아니라 제철에 난 것, 근거리 곧 지역에서 난 국내산 먹을거리를 말한다. 특히 하나님이 철따라 주시는 풍성한 먹을거리는 영양분도 많고 건강에도 유익하다. 그리고 무엇보다 하나님의 창조에 순응하며 살 수 있어 좋다.

덧붙인다면 인공속도가 아닌 자연의 속도로 생산된 것, 정성과 사랑으로 난 것, 정당한 대가를 지불한 것을 살피는 것도 필요하다. 축산물의 경우라면 지역 중소형 축산농가에서 유전자조작된 수입 사료가 아닌 직접 풀을 먹여 키운 고기를 선택함이 맞다.6) 그런 조건이라면 창조의 '흙'과의 연결은 물론 돌보는 인간과의 관계도 회복된 건강한 먹을거리라고 인정할 수 있지 않을까.

자신이 땀 흘려 수고하여 직접 얻은 먹을거리 먹기

물론 이상적인 것은 직접 생산해 먹는 것이다. 그렇다고 지금 모두가 귀농할 순 없는 거 아니냐 하지 말고, 도시에 할 수 있는 일을 찾자. 도시에 살지라도 흙을 가꾸며 농사를 지을 수 있는 방안들이 이미 널리 알려져 있다.7)

소비자로만 머물러 있을 것이 아니라 가능한 대로 먹을거리 생산에 힘을 기울여보자. 주말을 이용해 환경농장에 가서 직접 생산해보거나, 옥상이나 콘크리트 앞마당과 골목에 작은 텃밭을 가꾸어도 좋다. 물론 농사를 짓거나 텃밭을 가꾸는 일은 나와 내 가족만을 위한 깨끗하고

---

6) 현재 대규모 밀집 사육을 가능하게 하는 것은 바로 이 유전자조작 된 수입 사료이다. 대부분이 옥수수인데, 전량 수입되고 있다고 한다.
7) 우리나라에도 도시농사의 싹이 자라고 있지만, 흙의 소중함을 알고 최상의 상태로 지키고자 노력한 두 나라의 예는 우리가 본받을 만하다. 우선 독일을 보면, 도시를 구성하는 필수요소가 텃밭이다. 8가구에 1개씩 반드시 만들게 되어 있는 '클라인가르텐'은 도시텃밭으로서, 그곳에서 먹을거리를 자급할 뿐 아니라 친목을 도모하고 공동체도 형성한다. 쿠바의 경우는 국가적으로 농업을 1순위로 두면서 도시에 사는 이들도 농사를 짓는다. 흙이 부족하면 상자에 흙을 담아 짓는데, 국가에서는 도시에서 농사짓는 사람들을 위해 양질의 흙을 공급하고 농사기술도 가르쳐준다.

안전한 먹을거리를 생산하는 것이 아니다. 이 땅에 오염되지 않은 먹을거리를 제공받을 수 있는 땅이 한 줌도 없다는 말이 있는데, 땅을 살리는 일이라는 점도 기억하자. 그럴 수만 있다면 하나님이 철 따라 주시는 풍성한 음식을 즐길 수 있어 좋고, 제철음식을 먹어 좋다. 그리고 무엇보다 흙에 가까운 생활을 하면 하나님의 창조에 순응하며 살 수 있다.

만약 공간도 없고, 마땅한 흙도 구하기 힘들다면 있는 곳에서 상자텃밭을 꾸며보자. 작은 상자 안에 생명의 비밀이 숨 쉬고 있고, 우리의 작은 노력이 도시의 생명을 살리는 것을 알게 되면 자신의 삶에 기쁨이 가득해질 것이다.

육식을 절제하고 곡식·채식을 즐기기

대개 육식하면 건강상의 문제를 지적하는 이들이 많다. 고열량, 고지방, 고단백 식사로 인한 포화지방과 콜레스테롤 과다 등으로 인한 문제와, 최소한의 시간에 최고의 몸무게를 얻기 위해 성장호르몬과 항생제 등 각종 첨가물로 뒤범벅이 된 사료를 먹고 자란 것이기에 몸에 해롭다는 얘기다. 하지만 육식은 건강만을 해치는 게 아니라 앞서 설명한 것처럼 마음을 병들게 한다. 또 이웃들이 굶주리게 하고,[8] 삶을 지탱해주는 지구도 열병을 앓게 한다.[9] 그래 채식주의자들 중엔 건강만이 아닌 종

---

[8] 보고에 따르면, 해마다 2천만 명이 못 먹어 죽어가고 있는데, '22명이 먹을 콩과 옥수수를, 한 사람이 먹을 소고기와 우유를 생산하기 위해 소에게 먹일 수는 없다'고 말한다. 가축 대신 사람에게 직접 먹이면 영양부족 상태에 있는 이들 모두를 먹일 수 있다는 계산으로, 채식으로 생명과 평화를 이루는 신념에 근거한 실천이다. 화석연료 78칼로리로 소고기 단백질 1칼로리를 얻기보다, 2칼로리만으로 콩 단백질 1칼로리를 얻는 지혜로운 선택이기도 하다.

[9] 보고에 따르면, 대기 메탄의 주요 발생 원인이 가축 사육에 있다. 문제는 메탄이 이산화탄소보다 21배, 아산화질소는 295배나 강력한 온실가스라는 사실이다. 대부분 이것을 잘

교적이거나 기아, 동물학대, 환경보호 등 신념에 따라 행동하는 이들이 많다.

'처음 밥상'(창 1:29)을 회복하고 '하루의 양식'(마 6:11; 출 16:16-20)을 밥상에 올려 나눔을 실천하기 위한다면, 채식을 해보자. 물론 채식에도 여러 형태가 있다. 붉은 고기만 먹지 않아도 좋고, 우유나 달걀까지 안 먹거나 생선까지도 안 먹는 완전채식을 해도 좋다. 필요하다면 일주일에 하루만이라도 해볼 일이다(고기 없는 주일 - Meat Free Sunday).

한 사람의 채식이 매년 1인당 1,224평의 나무를 살려, 50년이면 1인당 약 6만 평 이상의 숲을 보호할 수 있다고 한다. 7명의 그리스도인이 한 주에 하루 온전히 채식을 한다면 한 사람이 완전히 채식하는 것과 동일한 효과를 낼 수 있다. 형제가 연합하여 선을 이루어가는 것을 이를 두고 하는 말이라 할 수 있겠다.

도시교회와 농촌교회가 함께 차리는 밥상

도시인의 경우 대부분 필요한 음식물을 구입해 먹을 수밖에 없다. 구입할 땐 대형마트나 백화점보다는 생활협동조합이나 유기농산물 직거래단체를 이용하는 것이 커다란 비용의 부담도 없이 생명을 살리는 먹을거리를 얻는 길이라 생각된다.

아니 도시에 있는 교회라면 농촌교회와 자매결연하여 유기농 농수축산물을 직접 거래해서 먹어도 좋을 일이다. '도시 교인은 농촌 교인의

몰라 육식과 지구온난화를 직접 연관 짓지 못한다. 물론 이산화탄소 배출 측면에서도 축산업은 매우 집약적인데, 사육은 물론 보관(냉동)하느라 배출하는 것이 전 세계 모든 교통수단이 내놓는 것(13.5%)보다 많다고 한다. 또 이산화탄소의 흡수원인, 아마존 열대우림의 70%가 그로 인해 잘려나가고 있다. 1분마다 축구장 여덟 개 넓이의 열대우림이 불태워지고, 그 속에 살고 있는 5만 종의 생물이 해마다 사라지고 있다고 한다.

생활을, 농촌 교인은 도시 교인의 건강을' 책임지겠다는 마음으로 도시 농촌교회가 협력할 수만 있다면10), 가격과 신뢰의 문제도 뛰어넘을 수 있지 않을까 싶다. 상호 간의 교류를 통해 도시 농촌교회 간 협약식을 갖는다면 필요한 생명의 먹을거리가 실질적으로 생산, 유통, 소비시킬 수 있을 것이다.

특별한 주일엔 예배 후 교회 주차장에서 농촌교회들이 직접 와서 여는 농수축산물 직거래 장터를 열어봐도 좋을 것이다. 더 나아갈 수 있다면 교회 안에 한 자치단체가 중심이 되어 유기농 생활협동조합을 결성해서 운영해보는 것도 좋을 일이다.

지금과 같이 구제역 사태로 축산업이 무너져 내리는 단계에서는, 고통 중에 있는 축산인들과 함께 하고 있는 농촌교회를 찾아 생명농사와 유기축산으로의 전환을 유도하고 그 생산물을 도시교회가 온전히 구매해주는 방안을 모색해봄도 좋을 듯싶다.11) 개교회 차원을 넘어서, 지역교회 연합, 내지는 교단 차원으로 확대하는 것도 더 효과적일 수 있다.

---

10) 현재 이미 여러 교회들이 개교회 차원에서 진행하고 있고, 또 도시교회와 농촌교회 간 협약을 추진하고 있는 '생명의 쌀 나눔 기독교운동본부'가 이러한 운동을 전개하고 있다.
11) 한경호 목사에 의하면, 현재 교회 밖에서 이런 사례들이 생겨나고 있다고 한다. 두레생협연합회와 원주생협이 '두레축산'을 공동으로 설립하여 생산자를 유기축산으로 전환시키면서 그 생산물을 구매하고 있다. 또 성남의 주민교회가 설립한 주민생협은 충남 홍성의 농민들과 함께 교류해오고 있다. 천주교의 경우는 서울교구가 안동교수의 가톨릭농민회와 함께 이 운동을 하고 있다. 암소를 사서 공급해주고 나중에 수소를 고기로 구매하고 암소는 계속 분양해주는 사업의 성격이다.

마무리하면서

이번 구제역으로, 지금 우리는 선택의 기로에 서게 되었다. '생명과 복'이냐 '죽음과 화'냐(신 30:15) 하는 기로에 말이다. 생명이 '생육하고 번성'하게 하는 '생명(生命)의 밥상'과, 계속해서 재앙으로 치닫는 '죽임(死亡)의 밥상'에 대한 선택을 요구받고 있는 것이다.

이미 늦었을 수도 있으나, 이제라도 생명의 밥상을 차림으로 하나님께 받은 몸과 마음, 영혼을 잘 돌볼 뿐 아니라, 지구온난화를 막고, 기아를 해결하고, 동물 학대를 예방하고, 유전자조작식품을 삼가면서, 우리 세대뿐 아니라 우리의 후손들까지 건강하게 사는 그날을 꿈꾸고 이루자. 창조주 하나님을 믿는 그리스도인이요, 만물의 화해자가 되신 예수 그리스도를 머리로 삼고 있는 교회라면, 앞장서서 성경 말씀에 근거한 밥에 대한 지혜를 일깨우고, 생명밥상을 차리는 일에 함께 힘써야 할 일이다.

세계화로 국가 간 거리가 좁혀지고 있는 현실에서, 그리고 지금의 공장형 축산의 상황에서 구제역의 종결은 어려운 일이라거나, 6일 동안 삐뚤어진 몸을 주일 하루로 바꾼다는 것은 어려운 일이라고 엄살을 피울 것이 아니라, 생명의 밥으로 오신 주님을 전하듯 열심히 생명의 밥상을 차려 온전히 나누자.

주일 하루만이라도 생명의 밥상을 온전한 것으로 나눌 수 있다면, 주님께서 친히 우리 몸을 거룩한 성전(고전 6:19-20)으로 거듭나게 하실 것이다. 그리고 거기서 나오는 생명의 힘만이, 우리를 세상의 밥 되게 하여 이 땅을 다시금 '하나님이 보시기에 참 좋았던'(창 1:31) 세상으로 바꾸어낼 수 있을 것이다.

아무쪼록 우리 모두가 거룩한 밥을 먹고, 창조 안에서 다시금 살맛나게 살아갈 수 있는 복을 누리게 되기를 기도드린다.

〈『복음과 상황』 2011년 4월호에 게재한 글을 같은 해 4월 5일 열린 NCC 구제역 2차 토론회 때 수정, 보완하여 발표한 글〉

필요만큼 구하면서
원전 없는 세상을 꿈꾼다

원자력발전으로 깊어가는 신음소리

지난 3월 11일 있었던 후쿠시마 원자력발전소(이하 원전) 사고가 빚어낸 고통의 소리는 그칠 기미가 보이지 않는다. 처음 그곳에서 일어난 리히터 규모 9.0의 대지진과 연이은 후쿠시마 제1원전의 1, 2, 3, 4호기 폭발은 일본은 물론 전 세계를 방사능의 공포에 크게 떨게 했다. 그곳에서 나온 방사성 물질은 지금도 대기와 바다로 방출되고 있어 언제까지 계속될지 장담할 수 없는 상황이다.

1986년 일어난 체르노빌 사고를 생각하면 그것이 얼마나 크고 오랫동안 계속될지 알 수 있다. 당시 사고는 인접 지역에만 그치지 않았고 지금도 계속되고 있다. 피해는 우크라이나, 벨라루스, 러시아를 넘어 유럽 각국에서 나타났다. 스웨덴의 순록과 영국의 양들은 집단 매장

처분을 당하고, 유럽 각국의 우유가 폐기처분되었습니다. 당시 사고 현장에서 피해를 입은 사람은 가장 보수적인 유엔보고서에 따르면 복구 참가자 중 3개월 이내 사망자가 28명이었다. 시간이 경과하면서 갑상선 질환, 백혈병, 각종 암이 발병한 이가 20만 명을 넘었고 갑상선암이 발병한 어린이는 2천 명에 달했다(WHO의 경우 9천 명 사망, 그린피스의 경우 9만 3천 명 사망). 그리고 25년의 세월이 흐른 지금 체르노빌 반경 30Km 이내는 여전히 통제구역이어서 들어갈 수 없거니와 당시 피폭된 이는 물론 사고 이후 태어난 아이들까지도 암에 걸려 심한 고통 중에 있다.

상황이 이럴진대 사람들은 아직도 신음소리에 무감각하다. 자기 욕심에 눈멀고 귀먹어 있다. 로마서 8장을 보면, 피조물들이 고통 가운데 자신들을 해방시켜줄 하나님의 자녀를 기다리고 있다고 한다. 만약 우리가 듣지 못하거나 듣고도 그들이 필요로 하는 도움을 주지 않으면, 하나님은 그 책임을 자연을 통해 우리에게 물으실 것이다. 어쩌면 자연이 우리를 저버리게 될지도 모른다. "너희가 원수의 땅에 끌려가면 너희의 땅은 쑥밭이 되리라. 그동안에 땅은 안식을 누릴 것이다. 그제야 숨을 돌리며 제 안식을 누릴 것이다"(레 26:34). 우리가 피조물을 혹사시켜 고통 중에 거하게 하면, 그들이 우리를 저버리고 스스로 안식을 취하게 하실 것이라는 말씀이다.

물론 지금 우리가 신음소리를 듣지 못하는 것은 이유가 있다. 피조물을 고통 속으로 몰아넣은 장본인, 죄인이어서다. 죄를 지은 인간은 하나님의 명령과 지혜를 전과 같이 이해하지 못하게 된다고 하였다. 바울은 이를 일컬어 "스스로 지혜 있다 하나 우둔하게 된다"(롬 1:22)고 했고, 예레미야 선지자는 타락한 인간이 창조주의 피조물을 통하여 하나님을 발견하지 못한다(렘 5:21-22)고 했다. 그리고 지금 우리는 선악과를 먹은 아담이 동산에 숨어 책임을 전가하다가 종국에는 하나님을 비난했던 것처럼, 하나님과의 관계가 근본적으로 어긋나 있다. 그러다보니 귀를 쫑긋 세워 원전 사고와 방사능 누출로 크게 신음하고 있는 피조물의 소리를 듣지 못할 뿐 아니라, 애써 들으려고 해도 듣지 못하고, 또 들어도 그들에게 도움을 주지 못하고 있는 것이다.

'원자력발전'이란

방사능 공포에 떨고 있는 피조물의 신음소리를 제대로 들으려면, 그 이유를 정확하게 알아야 한다. 원인을 제공한 '원자력발전'이 무엇인지 알면 해결책도 명확해질 테니까. 원전에 의지해 지나친 풍요와 편리를 누리고 있는 우리를, 긍휼히 여기고 계실 하나님의 눈으로 차분히 이해해갈 수 있기를 바란다.

원자핵공학을 전공한 이로서, 기독교환경운동연대 사무총장으로 활동할 때 원전의 문제를 일깨우기 위해 힘썼던 김영락 목사는 이에 대해 이렇게 설명한다.

"자연계에 존재하는 모든 물질은 93가지 원소로 되어 있다. 그 93가지의 원소 중에 가장 가벼운 것(원자번호 1번)이 수소이고 가장 무거운 것(원자번호 93번)이 우라늄이다. 그 가운데는 산소, 질소, 칼슘, 철, 알루미늄, 납, 금, 은 등이 있다. 이들 원소들은 상온에서 기체, 액체, 고체로 존재하는데, 서로 결합하여 물, 돌, 나무 등 온갖 생물과 무생물을 이룬다. 이렇듯 모든 물질을 이루고 있는 최소 단위는 원자인데, 그 원자는 태양계와 같이 가운데에 핵이 있고 주변에 전자가 돌고 있는 모양을 하고 있다. 하나님의 창조 가운데 가장 작은 원자의 세계와 가장 큰 우주의 모습이 닮은꼴이니 얼마나 오묘한가? 그런데 원자는 또 '핵'(核)과 '전자'(電子)로, 그리고 '핵'(혹은 원자핵)은 다시 '양자'와 '중성자'로 구성되어 있다. 이 핵이 가지고 있는 에너지를 '원자력'이라고 한다. 핵을 분열시키거나 융합시키면 막대한 에너지가 방출되는데, 그 원자력을 순간적으로 발산시키는 것이 '핵폭탄'이고, 천천히 발산시켜 전기에너지로 바꾸는 것이 '원자력발전'이다.

현대 사회에서 이 같은 원자력발전은 '현대판 선악과'요 '물질주의의 상징'이라 할 수 있다. 하나님께서 지으신 물질의 구조를 인위적으로 깨뜨리면서 탐스럽기도 하고 먹음직도 한 '제3의 불'을 취하려 하는 것은 '탐욕'이다. 그리고 핵반응은 태양에서 일어나고 있는 현상인데, 그를 통해 에너지를 취하려는 것은 '교만'이다."

이러한 원자력발전의 시작은 1953년 말 미국의 아이젠하워 대통령이 UN에서 행한 '평화를 위한 원자력'(Nuclear for Peace) 연설로 비롯되었다. 이는 핵폭탄으로 개발된 원자력을 평화적 혹은 상업적으로 전환, 이용하려는 시도라 할 수 있다. 다시 말해 핵의 최초 이용형태는 불행하게도 군사적 이용에 있었다는 말이다.

그때 이후로 원전은 계속 늘어나 지금은 전 세계적으로 모두 442기가 가동되고 있다(2011년 3월 현재). 거기서 생산되는 전력은 전체 전력의 15%다. 아시아를 중심으로 155기 이상의 원자로가 추가 건설될 계획에 있는데, 현재 건설 중인 것만도 65기에 달한다. 이번에 사고가 난 일본은 미국(104기)과 프랑스(58기) 다음으로 많은 54기를 보유하고 있었는데, 그로 전력의 3분의 1을 충당하고 있었다. 우리나라는 1978년 고리 1호기를 세운 이래, 현재 부산시 기장군에 고리원전 5기, 경주에 월성원전 4기, 전남 영광군에 영광원전 6기, 경북 울진에 울진원전 6기, 총 21기가 가동하고 있다. 시설용량으로 보면 세계 6위다(2008년 현재). 발전량으로 보면 총 전력의 31.4%인데, 계획에 의하면 2024년에 48.5%가 되어 프랑스에 이어 세계 2위가 될 것이다(밀집도로 보면 세계 1위).

원자력발전으로 고통받고 사는 이들

원자력발전은 고통받고 있는 이들의 희생을 전제로 한다. 원전 노동자, 특히 일용직 노동자의 희생에 기초한다. 한전 직원이 주로 컴퓨터를 이용한 중앙제어실 운영과 작업지시 감독 등 비교적 깨끗한 일을 하는 반면 한전 노동자들은 궂은일을 맡는다. 그중 가장 위험한 일은 일용직 노동자들이 한다. 파이프 보수공, 연료교체 작업, 전기보수 등 순간적으로 피폭에 노출될 수 있는 일들이다. 원전은 이들 노동자들의 희생으로 돌아간다. 방사능 피폭 허용치를 보면 노동자들은 일반인보다 50배나 많은 50msv다. 노동자들이라고 해서 방사능에 강한 특수체질이거나 방사성 물질에 면역력이 있을 리 없다. 때론 생계를 위해 그마저도 제대로 지키지 않기도 한다.

원전 인근 주민과 뭇 생명들도 고통받기는 마찬가지다. 원전은 원자로를 냉각시키기 위해 1초에 68톤의 바닷물을 끌어다 온배수로 내보낸다. 원자로에서 발생한 열에너지는 70%가 버려져 바다를 오염시키고

(thermal pollution) 오직 30%만이 전기로 사용된다. 그로 인근 해역의 수온이 크게 상승되어 바다 생태계가 파괴되고 인근 주민들이 여러 형태로 피해를 보고 있다는 것을 우리가 안다.

방사성폐기물 처분장 관련 주민들도 그렇습니다. 사용후핵연료 곧 고준위폐기물보다는 위험이 덜하다는 중저준위폐기물 처분장을 짓기 위해, 안면도, 굴업도, 부안을 거쳐 경주로 결정된 20년이 넘는 세월 동안 그들이 겪은 고통은 말로 다할 수 없다. 가동 중인 원전은 수십 종의 방사성 폐기물을 생성하는데, 한 가정의 1년 치 소비전력을 만든 핵연료가 타고 나면 그 안에는 약 50~60조 베크렐, 즉 약 5만 명이 암에 걸릴 수 있는 방사능이 들어 있다고 한다. 그뿐 아니라 가동에 필요한 보조 산업 즉 농축, 가공, 재처리 및 운송과정에서도 많은 양의 방사성폐기물이 나온다.

원자력발전의 제 문제

이들의 아픔은 아랑곳하지 않고, 원자력발전을 찬성하는 사람들은 대체로 다음 네 가지 장점을 강변한다.

첫째는, 원전의 원료인 우라늄은 쉽게 고갈되지 않아 오래고 안정되게 공급할 수 있다는 것이다. 둘째는, 다른 발전에 비해 경제적이라는 것이다. 셋째는, 이산화탄소가 배출되지 않아 지구온난화 등을 막을 수 있다는 것이다. 넷째는, 보안과 안전관리가 철저해 사고가 일어날 염려가 거의 없다고 한다.

하지만 이들 주장은 근거가 부족하다. 아니 역으로 그 자체가 결함이라 할 수 있다. 첫째, 연료인 우라늄 매장량의 한계 때문에 원자력은 마냥 늘릴 수 없다. 고속증식로가 널리 확대될 수 있다면 사정이 나아질 수 있겠지만, 이미 고속증식로는 기술적으로 실패한 것으로 밝혀졌다. 우라늄의 가채연한은 50년 정도로 추정되는데, 그것도 원전의 수가 늘면 줄어들게 된다.

둘째, 원자력발전이 경제적이라는 것은 근거가 없습니다. 원자력의 발전 비용만 놓고 보면 아직까지 화석연료에 비해 저렴하다고 할 수 있을지도 모른다. 하지만 노후 원전의 해체비나 방사성폐기물 처리비가 아닌, 건설비용만 고려해도 원자력발전은 화력발전은 물론 그 어떤 재생가능 에너지원보다도 비싸다. 세계적으로 원전의 건설비용은 점점 늘어나고 있고, 건설기간 역시 점점 길어지는 것은 누구나 다 아는 사실이다. 그래서 원전업계는 투자비를 회수하고 폐쇄비용의 지출을 지연하려고 열을 올리고 있는 것이고, 우리도 이미 고리 1호기를 10년 수명 연장하고 월성 1호기도 연장할 생각을 하고 있는 것이다.

셋째, 원자력발전이 이산화탄소를 배출하지 않는다는 것은 사양길에 있는 원전산업을 일으키려는 논리에 불과하다. 발전 과정만 보면 화력발전에 비해 배출량이 적을 수 있다. 하지만 우라늄 채굴, 제련, 운송, 원전 건설, 방사성폐기물 처분 등 전 과정을 포함시키면 그 효과는 그다지 크지 않다. 국제원자력기구인 IAEA는 원전의 온실가스 감축 기여도를 2030년까지 10%, 2050년까지 6%로 내다보고 있다(에너지 효율과 재생가능 에너지 시스템으로의 전환은 70~80% 감축 예측).

십분 양보하여 인정한다 하더라도, 원자력발전은 이산화탄소가 아닌 그보다 더 위험한 방사능의 문제를 안고 있다. 그 위험성은 독성이 반으로 줄어드는 시간 '반감기'로 표시되는데, 적게는 수일에서 수만 년까지 걸리는 방사성 물질에 따라 다양하다. 그런데 이 방사성 물질은 호흡이나 먹을거리를 통해 체내로 들어가서도 계속 방사능을 내놓아 당사자는 물론 아직 태어나지 않은 후손들에게도 치명적 피해를 입힙니다. 그래서 혹자는 원자력발전을 시작한 것을 일컬어 결코 탐해서는 안 될 '현대판 선악과'를 따먹은 어리석은 행동이었다고 말하는 것이다.

넷째, 드리마일(1기)이나 체르노빌(1기), 그리고 이번 후쿠시마(4기) 사고에서 보듯, 원자력발전의 안전신화는 깨졌다. 사고는 당대 최고의 원전기술과 안전시스템을 자랑하는 곳에서 발생했다. 원전을 옹호하는 이들은 원전사고가 일어날 확률이 백만분의 일, 즉 영에 가깝다고 말하지만, 지금까지 세계 442기의 원전 중 6기에서 큰 사고가 발생했으니 1기당 사고 확률은 1.36%로 봐야 한다고 주장하는 이가 있다. 그로 보면 우리나라는 21기의 원전을 가동하고 있으니 사고확률이 24%나 돼 안전하다고 방심해서는 곤란한 상황이다.

더욱이 이미 우리나라에서는 크고 작은 사고와 고장이 매년 반복되고 있다. 원자력안전기술원에 따르면 2000년대 들어서만도 200회에 가까운 고장이 발생했다는데(연평균 17.5회), 울진원전에서는 증기발생기 세관이 터져 끊어지는 파단사고가 일어났고, 태풍 루사가 왔을 때에는 발전소 안에 빗물이 누수되었으며, 대전 연구용 원자로에서는 중수가 누출되는 사고도 발생했다. 2007년 수명이 끝났던 고리 1호기의 경우는 후쿠시마 원전사고가 있은 후에 전원공급기기의 고장이 생겨 가동이 중단되기도 했다. 고리 1호기가 생산하는 전력량은 전체 전력소비량의 1%에 지나지 않는데, 이렇게 위험을 무릅써야 하는 건지 모르겠다. 게다가 잦은 사고가 인재(人災)든 천재(天災)로 이어지기라도 하면 큰일이 아닐 수 없다.

이러한 결함 이외에도, 원자력발전은 사용후핵연료, 고준위방사성 폐기물 문제가 아주 심각하다. 한 개의 우라늄 펠렛에서 1년 치 전기를 생산하면, 5만 명을 죽음에 이르게 할 수 있는 방사성 물질도 같이 나온다고 한다. 세계 원자력발전의 역사가 50년이 넘었지만 아직 단 한 곳도 이를 처분할 수 있는 곳은 마련되지 않았다. 지금까지의 누적양은 30만 톤에 달하고, 매년 1만여 톤이 추가되고 있는 데도 말이다. 우리나라 역시 원전 내에 임시 보관 중인데, 2016년이면 한계에 달한다고 한다. 10년에 걸쳐 잔열을 없애야 하고 완전히 안전해지려면 10만 년이 걸린다니, 이것을 묻을 곳을 찾는다는 것이 앞으로도 가능할지 모를 일이다. 혹 우리가 사용하는 전기의 25~30% 정도가 그런 폐기물을 만들어내면서 생산되는 것이니 그만큼의 전기의 사용을 줄일 수는 없는 것일까 생각해본다.

"전력이 부족해도 인간다운 삶은 얼마든지 계속될 수 있다. 그러나 핵분열에 의한 환경파괴는 삶의 종식을 의미한다. 핵발전소를 없애면 대안이 무엇이냐고 묻는 것은 지나치게 한가로운, 우둔한 물음이다. 대안이 있든 없든 핵 발전은 시급히 중지해야 한다."
— 김종철, "핵이라는 괴물을 어떻게 할까", 『녹색평론』 2011년 5~6월호

원자력발전의 신앙적 문제

하나님은 맨 처음에 빛을 창조하셨다(창 1:3). 빛은 에너지다. 지구상의 모든 생명체는 태양으로부터 빛을 받아야만 살 수 있다. 지금껏 사용해

온 석유, 석탄 등도 먼 옛날 동물이나 식물이 태양으로부터 받은 빛에너지를 축적하여 화석화시킨 에너지다. 그런데 원자력은 태양으로부터 오는 에너지가 아니다. 하나님이 창조하신 원자를 분열시키거나 융합시킴으로써 얻는 것이다. 그것은 지상에 있어서는 안 되는 태양이나 별의 것이며, 거기에는 생명체가 존재할 수 없다. 이를 알고도 원자력발전을 절대시하며 수명을 연장하거나 신규 발전소를 계속 짓는다면 그것은 현대적 의미의 '우상숭배'요, 정의 평화 창조질서에 어긋난 행동이라 할 수 있다.

1. 정의의 측면 : 약자 피해

"정의를 뿌리고 사랑의 열매를 거두어라. 지금은 너희가 주를 찾을 때이다. 묵은 땅을 갈아엎어라. 나 주가 너희에게 가서 정의를 비처럼 내려 주겠다."(호 10:12)

원전은 대부분 약자들이 기거하는 곳에 건설되었다. 또 원전은 방사능 피폭으로 죽거나 고통받는 이들 없이는 단 1Kw의 전기도 만들어낼 수 없다. 방사성폐기물처분장 후보지였던 안면도, 굴업도 그리고 부안은 물론 부지로 선정된 경주 역시 그러한 곳이었다. 또한 방사성폐기물은 미래 세대로 그 위험을 떠넘기는 것이라 할 수 있다. 그러나 그 발전소에서 나오는 전력의 대부분은 대도시와 공장에서 소모한다. 원전이 위치한 농촌이나 어촌에서는 극히 일부분만을 사용한다. 그럼에도 불구하고 원전 주변 지역의 농어민들은 여러 가지 형태로 피해를 보고 있다. 농어민들은 고향을 잃고, 농수산물의 생산이 줄어들고, 방사능 오염으로 사람이나 가축들이 피해를 보고 있다. 도시의 소비문화를 뒷받침하기 위해서 농어촌에게 피해를 주는 것은 결코 정의로운 일이라 할 수 없다.

2. 평화의 측면 : 핵무기 개발과 폭격 위험

"화평케 하는 자는 복이 있나니, 저희가 하나님의 아들이라 일컬음을 받을 것임이요."(마 5:9)

원자력의 평화적 이용은 평화를 증진시키기는커녕 세계를 갈수록 위험에 빠뜨리고 있다고 해도 과언이 아니다. 원자로에서 핵분열의 결과로 생겨난 방사성 물질을 분리·재처리하면 자연 상태로는 전혀 존재하지 않는 극렬한 맹독성 물질이자 핵폭탄 원료인 플루토늄을 확보할 수도 있기 때문이다. 이 점에서 일본의 플루토늄 생산은 그 자체로 일종의 핵 확산이며 동북아시아의 평화에 직접적인 위협이라고 지적되기도 했다. 사실 핵의 처음 탄생도 그렇고, 지금도 핵무기 개발 차원에서 원전을 탐내고 있는 나라들이 있다는 점은 위기감을 더한다. 그리고 원전은 한 국가의 에너지를 공급하는 데 이바지하므로, 군사적 관점에서 볼 때 1차적 파괴 목표가 될 수도 있다. 1981년 6월 이스라엘 공군기가 핵개발의 의혹을 받고 있던 이라크의 '오시라크' 원전을 폭격했고 또 걸프전에 참전한 다국적군의 공습으로 이라크의 원자로 4기가 파괴되어 방사능 공포를 안겨주기도 했다.

3. 창조질서의 측면 : 생태계 파괴

"여호와 하나님이 그 사람을 이끌어 에덴 동산에 두사 그것을 다스리며 지키게 하시고……"(창 2:15)

원자력발전은 방사능으로 인한 생명의 죽음과 생태계 파괴를 일으킨다. 이러한 죽음의 에너지를 풍요와 편리를 위해 쓴다는 것은 하나님의 창조질서를 파괴하는 것이며 거역하는 것이다. 사실 자연을 인간의 정복대상으로 보았던 서구 과학에 의해 그 불을 만들어냈으나 한번 붙은 불은 끌 수 없다. 태초에 존재하지 않았던 플루토늄은, 거기서 나오는 방사능의 세기가 2만 4천 년이 지나야 절반으로 줄어든다. 10만 년이 지나야 원래의 6% 수준으로 주는데, '위험하다'고 하는 그 독성은 줄지 않은 채로 말이다. 더욱이 플루토늄은 인간의 감각으로는 감지할 수 없는데, 단 몇 g만으로도 남북한 전체 인구를 폐암으로 죽게 할 수 있는 독성을 지니고 있다. 그래서 혹자는 이를 두고 금지된 불장난을 시작한 인간에게 하나님이 내린 준엄한 벌이라고 이야기한다.

원자력발전을 넘어

그리고 그들은 그들이 앉아 있는 가지를 톱질했다.
그리고 어떻게 하면 더 잘 톱질할 수 있는지를
자신이 배운 것을 서로서로에게 큰 소리로 말해주었다.
그러고서는 요란한 소리를 내며 나락으로 떨어졌다.

그걸 바라보던 사람들은 고개를 흔들었다.

그러고는 다시 열심히 톱질을 계속했다.

— 베르톨트 브레히트

당장 원전의 불을 끌 수는 없지 않느냐. 후쿠시마 사고 이후에도 이같은 '원자력발전 불가피론'을 말하는 이들이 있다. 하지만 원자력이 위기를 해결해줄 수 있다는 희망을 품고 계속 확대하는 것은, 오히려 해결책을 찾으려는 움직임을 지연시켜 위기를 더 심화시킬 수 있다. 클라우스 퇴퍼 전 UNEP 사무총장이 말했듯이, 원자력의 확대로 에너지 공급이 그럭저럭 원활해진다면, 그만큼 에너지 절약을 위한 기술개발이나 재생가능 에너지 개발과 같은 대안 모색은 늦춰져 나중에 더 큰 혼란을 초래될 수 있다.

의지만 있다면 '원전 없는 세상'이 가능하다는 것을 우리는 안다. 이미 몇몇 나라들이 그 길을 걷고 있다. 독일은 2022년까지 원전을 폐기하겠다고 전격 발표하였고, 스위스도 2034년까지 스위스 내 원전을 폐기하겠다고 선언한 후 구체적으로 단계를 밟아가고 있다.

꿈도 꾸지 않은 채 체념하는 것만큼 어리석은 일은 없다고 생각한다. 꿈은 간절히 원하면 이루어진다 하지 않던가. 다음 세대에게 희망을 남겨주기 위해서라도 꿈꾸며 그를 이루기 위해 최선을 다해야 할 것이다. 지극히 작은 일일지라도 신규 원전이나 이미 노후화된 원전만이라도 대신할 수 있는 것을 찾아 실천해야 할 것이다.

우선 살펴보아야 할 것은 우리의 전력소비량이다. 개인적으로 1991년 환경운동을 시작하며 살아 있는 생명에게 핵이 가장 위협적이라고 생각하여 원자력발전의 추진논리를 살펴봤던 기억이 나는데, 당시 원전은 9기였다. 20년의 세월이 흐른 지금 그 수는 두 배 이상 늘어났다. 전력소비량이 너무 증가한 탓이다.

그런데 늘어난 그 많은 에너지가 어디에 쓰이고 있는지 보면, 과연 그것이 우리의 '필요'를 채우는 데 쓰이고 있는 것인지 하는 의문이 든다. 과다하게 부추겨진 욕망을 채우고 있다면, 끊임없이 이윤을 좇는 이에 의해 부추겨진 욕망에 의해 낭비되고 있다면, 그 욕망을 내려놓을 수 있어야 하는데 안타깝게도 그것은 멀게만 느껴진다. 그래야 자신의 풍요가 누군가에게 돌이킬 수 없는 희생을 초래하거나, 공기와 물과 땅이 오염되어 회복되기 어려워지고 여러 동식물이 멸종 위기에 처하지 않게 할 수 있는데 걱정이다.

그렇다. 우리의 욕망, 탐욕엔 끝이 없다. 원전이 9기였던 1991년 2,412Kwh이었던 1인당 전력소비량은 2005년에 7,403Kwh로 3배나 증가해, 이미 일본, 독일, 영국, 이탈리아 국민들보다 더 많아졌다. 그리고 2010년 현재 우리는 그 4배나 되는 9,493Kwh의 전력을 소비하고 있다. 그리고 정부는 우리의 욕망을 부추기며 그를 채우고자 2030년 13,510Kwh을 목표로 원전 건설에 박차를 가하고 있다. 우라늄의 경우 2030년이면 2000년보다 20배나 가격이 뛰고 가채연한도 2040년부터 급강하하여 2070년이면 사라질 것이라는 말이 나오는데도 말이다. 그때 가서 어쩔 수 없이 에너지에 대한 탐욕을 멈추기보다 우리 스스로 조절할 수 있으면 좋으련만 그저 막막하기만 하다.

"이 세상의 자원은 모든 인류에게 충분하나 인간의 욕심을 채우기에는 모자란다."(간디)
"너희들은 먹고 마시고 입을 것을 걱정하지 말라."(예수)

이는 우리가 욕심을 내지 않는 이상 자연은 지구상에 있는 모든 생명이 입고 먹고 살아가기에 충분하다는 말씀이다. 우리가 우리의 필요를 제대로 알아 그 필요만큼만 채우며 산다면, 정말로 자연은 우리 모두에게 충분히 풍요로울 것이다. 그것을 믿고 그렇게 살아가는 그리스도인이야말로 '착하고 충성된 종'(눅 25:21)이라 칭찬받을 것이라 믿는다.

원자력발전에 의한 신음소리를 듣는 순간

원자력발전이 있었기에, 그동안 우리는 풍요와 편리를 맘껏 누려왔다 해도 과언이 아닐 것이다. 하지만 이번 사고에서 보듯 그러한 풍요와 편리는 계속될 수 없다. 원전의 위험성이 실로 크기 때문이다. 사방에서 들려오는 원전에 의한 신음소리가 그를 잘 말해준다.

만약 미세할지라도 신음소리가 들리기 시작하면, 그를 붙잡고 깊이 묵상해보자. 신학자 틸리히는 '애정 어린 경청'(Loving Listening)을 하면 생명의 아픔을 들을 수 있을 것이고, 그러면 그 순간 지구가 치료되기 시작할 것이라고 했다. 생명을 살리는 운동이 일어나게 될 것이라는 말이다. 어쩌면 우리가 한 생명 한 생명의 아픔을 내 아픔으로 느끼게 된다면 문제가 쉽게 해결될 수도 있을 것이다.

아니 듣는 순간 하나님께서 친히 치료를 시작하실 것이다. 그날에 우리는 노후화된 원전이 포기되고 발전소가 더 이상 건설되지 않도록, 에너지를 낭비해온 삶을 회개하고 절제하는 삶을 적극적으로 살아낼 것이다. 전력소비량 자체를 줄여야 하니, 에너지를 덜 쓰고, 좀 더 춥고 덥게 지내는 일에 솔선할 것이다. 더불어 살아가는 이들과 함께 원자력발전이 우리 일상생활에 얼마나 위협적인 것인지 진지하게 그리고 지속적으로 성찰하며 원자력 폐기를 논의하고 에너지효율을 높이고 재생가능 에너지로 전환하기 위해 끊임없이 노력하게 될 것이다.

〈『한국여성신학』(73호)과 녹색신앙정론지『새하늘 새땅』(20호)에 기고한 글〉

3부

병든 지구를 살리기 위해
우리가 할 일 〈짧은 글 모음〉

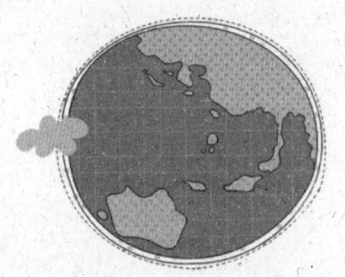

일주일에 하루
지구를 위한 채식

　　　　　　자연재해를 일컫는 수많은 용어 중 근래 들어 자주 듣는 말은 지진이다. 지난해 중국 쓰촨에 이어, 지난 12일 중남미의 작은 나라 아이티에 덮친 강진은 20여만 명의 생명을 앗아갔다. 이재민 300만 명은 전체 인구의 3분의 1에 해당한다.

　이번 지진을 두고, 사람들은 지구온난화가 부추기는 태풍이나 홍수, 가뭄과는 달리 인간의 힘으로는 어찌해볼 수 없는 재난이었다고 말한다. 하지만 정말 그럴까?

　결론부터 말하면 그렇지 않다. 날씨와 기후의 조그만 변화에도 지질학적 재난은 촉발될 수 있다. 지난해 10월에 기후전문가들이 런던에 모여 내린 결론이다. 기후변화는 지구의 섬세한 균형을 뒤엎을 뿐 아니라, 해수면 변화의 경우 아주 작더라도 그 영향을 무시할 수 없다는 말이다.

결국 전 세계를 뒤덮고 있는 재난 모두가 지구온난화로 인한 기후변화에서 비롯되었다고 할 수 있다. 그렇기에 우리는 폐허가 된 아이티에 모금한 것을 전달하거나, 인명구조와 도시시설 복구를 위한 인력을 지원하는 것으로만 대응해서는 안 된다. 이번 지진을 지구 재앙의 경고로 여기고, 어느 나라든 이 같은 재앙의 피해자가 될 수 있다는 위기의식 가운데 기후변화를 늦추는 일에 힘써야 할 것이다.

그럼 무엇부터 시작할까? 요즘 기후변화에 맞선 개인 실천으로 가장 주목받고 있는 것은 육식의 제한이다.

축산으로 인한 온실가스 배출량이 전 세계 교통수단이 만들어내는 온실가스(전체 대비 13.5%)보다 많은 18%를 차지하는데다, 메탄의 경우 이산화탄소보다 온실효과가 23배나 더 강하다. 뿐만 아니라 이산화탄소의 흡수원인 열대우림의 70%가 그로 인해 잘려나가고 있다. 1분마다 축구장 여덟 개 넓이의 열대우림이 불태워지고, 그 속에 살고 있는 5만 종의 생물이 해마다 사라지고 있다. 가축 사육에 필요한 농지, 곡물, 물 등으로 다량의 에너지가 소비되는 것은 물론이다. 또 육식 1인분은 채식 20인분의 식량과 물에 해당한다고 하니, 지금 먹는 고기가 누군가를 목마르게 하고 굶주리게 하고 있는 것이다. 특별히 기후변화의 측면에서 보면 육식의 제한은 100년이나 머무는 이산화탄소와 달리 8년밖에 머물지 않아 즉각적인 효과를 낸다.

그래서 최근 '미트 프리 먼데이'(Meat Free Monday) 운동이 전 세계적으로 확산되고 있는 것인데, 일주일에 하루는 온전히 채식을 하자는 캠페인이다. 벨기에의 겐트 정부는 기후변화의 해결책으로 채식의 중요성을 인식하고 매주 하루 채식할 것을 공표하기까지 했다. 우리나라는 지난해 말 제주도에서 40여 개의 NGO가 일주일에 한번 유기농 '비건(우유, 달걀 등도 먹지 않는 완전채식) 데이'를 선언한 바 있다.

우리 그리스도인들이 이에 앞장서 일주일에 하루 채식을 해간다면 그 효과는 엄청날 것이다. 한 사람의 채식이 매년 1인당 1,224평의 나무를 살려, 50년이면 1인당 약 6만 평 이상의 숲을 보호한다고 하니, 70명의 성도가 한 주에 하루 온전히 채식을 하면 동일한 효과를 낼 수 있다.

축산업에서 발생하는 메탄이 연간 1억 톤을 넘어 지금도 늘고 있는 것을 생각하면, 교회적으로 '채식의 날'을 정하여 교회 밥상은 물론 성도들의 가정 식단에서 채식의 비율을 높여가는 것도 좋을 듯하다. 그러면 성도들의 상한 몸과 마음이 자연스럽게 치유될 것이고, 그 가운데 생명을 살리는 거룩한 영이 가득해질 것이다.

채식은 단순히 고기를 먹지 않겠다는, 먹을거리 선택의 문제만은 아니다. 하나님의 창조질서에 순응하는 삶을 살겠다는 고백이요 결단의 문제다. 날마다 흙에서 난 것, 특별히 건강한 흙에서 난 것을 먹음으로, 사는 동안 생명 됨을 다하고 평화의 씨앗이 되어 하늘의 열매를 맺고 다시 흙으로 돌아갈 수만 있다면······. 그날을 생각하면 삶이 행복하다.

〈기독공보 2010년 1월 기고〉

02

지구에게
두려움 없는 사랑을...

　　　　　북극의 빙하가 녹고, 태풍, 해일, 가뭄, 홍수, 산사태 등 위협적인 자연재해가 지구 곳곳에서 빈번해지고 재앙의 모습으로 인류에 다가서고 있다. 그로 인해 지구의 종말까지도 우려하는 이들이 늘고 있다. 하지만 우려는 우려일 뿐 온실가스 감축을 둘러싼 국제적 목표와 시기, 방법에 대한 논란은 여전하다. 지난 19일 코펜하겐에서 폐막된 기후 정상회담에선 영향력 있는 약속을 만드는 데 결국 실패했다.

　이를 지켜보고 있던 이들, 특히 기후재앙의 최전선에 있는 이들은 그 누구 이상으로 '절망'하고 '혼란스러워'하고 있다. 그도 그럴 것이 그들에게는 시간이 없다. 툰드라의 언 땅이 녹아 메탄가스가 방출되고, 얼음으로 덮어진 바다로부터 복사열의 반사율이 낮아진다면, 지구는 걷잡을 수 없을 정도로 파국의 길로 치닫게 되고, 그러면 더 이상 살

곳이 없다.

더 이상 책임을 따질 시간이 없다. 그러기에 지금의 '아주 불편한 진실'을 있는 그대로 받아들이는 이들, 또 그 안에서도 창조를 사랑하는 이들의 책임이 무겁다. 이번 회의에도 그들이 참석했더라면 희망을 노래할 수 있는 결정이 내려지지 않았을까.

하지만 현실은 다르다. 하나님의 창조를 고백하는 그리스도인들조차도 별반 다르지 않을 것이라는 게 기본 생각이다. 우리 가운데 몇이나 온실가스를 배출하는 각종 문명의 이기들이 주는 편안한 생활을 포기할 수 있다고 생각한 적이 있는가? 지금껏 별로 책임 있는 행동을 하지 못하고 그저 무감각하게 지구의 고통을 지켜보고만 있지 않았던가? 아무것도 하지 않으면 기후변화를 진정시킬 기회의 문이 영원히 닫힐 것이라는 경고를 들으면서도, 재앙에 대한 두려움 이전에 다른 삶에 대한 두려움으로 주저하고 있지는 않았던가? '녹색'이라는 이름으로 여전히 성장을 추구하고 교토의정서조차 인정하지 않았던 원자력발전이나 토목사업에 매달리는 것도 그런 이유 때문일 것이다.

상황이 참 어렵다. 물론 좌절하고 손 놓고 있을 수도 없다. 우리의 필요를 채워주는 지구가 지금 우리를 필요로 하고 있다. 고통 중에서 애타게 기다리고 있는 하나님의 자녀가 바로 우리다. '상황이 어려울수록 기본에 충실하라'고 하였다. "태초에 천지를 창조하셨느니라" 하신 말씀을 깊이 묵상하면서, 하나님과 인간과 자연의 자리를 마음 깊이 새겨보자.

그 위에서, 그리스도인 한 사람 한 사람이 절절한 위기(危機)를 바라본다면 분명히 새로운 길을 찾을 수 있을 것이다. 위험(危險)을 넘어 새로운 기회(機會)를 잡을 수 있을 것이다. 우리의 오만과 탐욕이 불러

온 '위기의 지구'에서 또다시 우리 인간만이 살아남으려고 발버둥치는 그런 기회가 아니라, 창조된 모든 생명들과 복을 나누는 '복의 근원'이 되는 그런 기회를 말이다.

교회는 성도들로 하여금, 그동안 돌보지 않고 퍼 쓰느라 미처 듣지 못했던 지구의 소리를 들을 수 있게 해줄 수 없는가. 또 그 소리에 어떻게 답할지 생각하고 행동하게 해줄 수 없는가. 지난 한 해 총회 환경보전위원회가 한국교회환경연구소와 더불어 기후 관련 지도자를 양성한 것은 그런 점에서 상당한 의미가 있다.

이제는 우리 교회 차례다. 창조동산을 보살펴야 할 책임과 행동을 지속적으로 교육하고, 교회에 환경위원회를 두어 우리에게 남은 기간 동안 최선을 다하자. 그러면, 주님은, 아주 작은 실천이지만 '조금 불편한 삶'을 사는 우리를 보시고, 칭찬하시며 머지않은 미래에 새 하늘 새 땅을 허락하실 것이다.

지금 지구가 하나님의 창조를 믿는 우리에게 사랑을 호소한다. "사랑 안에는 두려움이 없고 온전한 사랑은 두려움을 내쫓는다"(요일 4:18)고 했다. 진심으로 창조를 사랑함으로 기후 붕괴로 인한 지구 재앙의 두려움에서 자유함을 얻을 수 있기를 기도드린다.

〈기독공보 2010년 2월 기고〉

사순절엔 '탄소 금식'을…

우리는 지금 사순절기를 지나고 있다. 전통적으로 그리스도인들은 이 기간 동안 금식함으로 몸은 물론 마음과 생각까지 하나님께 집중한다. 하지만 지구 위기의 시대인 만큼 먹는 것을 줄이는 것만으로는 부족한 감이 있다. 우리가 누리고 있는 것 가운데 세상을 창조하신 하나님의 형상을 일그러뜨리는 것과, 행복의 필수요건인 지구와 지구상에서 살아가는 벗들을 해하는 것이 있다면 어느 것이든 삼가는 생활을 해도 좋을 듯하다.

평소 아무 생각 없이 사용하던 물건을 찾아 깊이 묵상하고 그 사용을 삼가는 것은 어떨까? 당장은 불편하겠지만, 대신 몸을 움직이니 그것이 오히려 우리에게 건강한 행복을 가져다줄 것이다.

우선 '리모컨 금식'을 제안해본다. 텔레비전, 라디오, 오디오 등의 리모컨을 내려놓는 순간 둔해져만 가는 몸은 움직이게 될 것이고, 항상 대기 상태에 있느라고 소모하는 전력도 줄일 수 있다. 전원을 껐는데도 보이는 작고 붉은 불빛이 바로 리모컨의 신호를 기다리고 있다는 표시이다. 사용하지 않을 때만이라도 전원을 완전히 차단하면 집안 전기 소비량의 10%까지 줄일 수 있다고 하니.

'종이 금식'도 좋다. 종이 소비가 해마다 3%씩 늘고, 한 사람이 연간 176Kg을 쓰는데, 이는 30년생 원목 3그루에 해당하는 양이다(A4 용지 네 박스는 원목 1그루). 세계적으로는 연간 3억 3천만 톤의 종이가 소비되니, 56억 1천만 그루의 나무가 베어지고 있다고 볼 수 있다. 수많은 생명을 품고 있는 나무가 받는 고통을 생각하며 종이 금식을 제대로 할 수 있다면, 창조의 숲을 지킬 수 있을 뿐 아니라 나무에 숨겨진 하나님의 비밀을 발견하는 기쁨도 얻을 수 있을 것이다.

편리하지만 자연과 인류에 큰 위해를 가하는 '비닐'도 금식해 봄직하다. 해마다 150억~200억 장 사이로 사용되는 비닐봉투는 대부분 매립장으로 가 1,000년 동안 묻혀 있거나 일부는 땅이나 바다에서 나뒹굴다 동물들의 생명을 해칠 테니 말이다.

'아무것도 사지 않는 금식'은 어떨까? 먹고, 자고, 일하고 움직이는 모든 부분을 돈으로 해결하다가 일정 기간 아무것도 사지 않는다면, 그 자체로 의미가 클 것이다. 우리의 넘치는 소비가 지구를 파괴하고 있지는 않은지, 우리 세대에 모든 자원을 다 써버리고 다음 세대들이 사용할 권리를 뺏고 있는 것은 아닌지, 소비와 환경에 대해 저절로 생각하는 계기가 될 것이니 말이다.

'자동차 금식'도 적극 권하고 싶다. 자동차는 집 앞에서 집 앞까지 데려다주고 일상생활을 기동성 있게 하여 우리의 의식주 등 모든 생활을 변화시켜놓았다. 계절감 없이 옷을 입거나 외식을 즐기고 있고, 또 직장과 집이 거리가 멀다면 더욱 이 금식을 해볼 일이다. 자신이 누리고 있는 편리함이 어떤 문제를 야기하고 있는지, 또 지구에 어떠한 재앙을 초래하고 있는지 살피게 할 것이고, 또 평소 볼 수 없었던 것들을 새롭게 발견하는 기쁨도 누릴 수 있을 테니 말이다.

아니 내친 김에 세계교회와 함께 '탄소 금식'을 실천하며 기도함으로 기후정의 실현을 위해 '2010 사순절 탄소금식' 캠페인에 참여하는 것도 좋겠다. 우리나라에서는 한국교회환경연구소를 통해 40일 동안 매일 혹은 일곱 번의 주일에 할 수 있는 탄소 금식 실천프로그램을 소개받을 수 있다.

아무쪼록 올해 사순절에는 그리스도인들마다 맘몬문화에 찌들어 '더 많이, 더 빨리'를 내세우며 끊임없이 소비해온 삶을 회개하고 '이만하면 충분하다'고 고백함으로 지구를 지키고 돌볼 수 있길 기도한다. 지구가 흘리는 눈물을 닦아줌으로, 부활의 아침에는 신음하는 피조물 앞에 하나님의 자녀로서 당당히 나설 수 있게 되기를 간절히 기도한다.

〈기독공보 2010년 3월 기고〉

'재생종이' 주보로
창조의 숲을 지키고 돌보자

하나님이 지으신 창조의 숲이 사라지고 있다. 우리가 사용하고 있는 종이를 위해, 창조의 숲에서 나무를 베어내 숲이 사라질 뿐 아니라 에너지와 물이 낭비되고 유해물질이 다량 배출되어 지구는 심한 열병을 앓고 있다.

우리나라 국민 한 사람이 세상에서 살아 있는 동안 소비하는 나무는 평균 237그루라고 한다. 그 가운데 종이소비량은 87그루로 900m²의 숲에 가득이 모여서 30년 동안 자란 나무들만큼이다. 다른 통계에 따르면 해마다 국민 한 사람이 176kg의 종이를 소비한다고 하는데, 이는 30년생 나무 3그루에 해당하는 무게이고 A4 용지로 계산하면 12박스에 달하는 양이다(A4 용지 4박스, 1만 장≒58kg≒원목 1그루).

창조의 숲을 '지키고 돌봐야 할'(창 2:15) 그리스도인들은 다를까? 다를 바 없지 싶다. 종이 사용에서 세상 사람들과 다르다는 것은, 종이

한 장 한 장이 창조의 숲에서 온 것임을 고백하는 그리스도인이란 말인데, 그러면 이면지는 물론 양면복사와 재생복사지, 재생화장지 사용이 몸에 배어 있어야 하고, 일회용 종이컵 사용도 지금과 같이 할 리가 없다.

우리 교회가 사용하고 있는 종이로 따져보자. 셈이 복잡하다면 매주 인쇄하는 주일 주보나 사무실 복사기를 통해 사용하고 있는 A4 용지를 다음 계산법에 따라 계산하면, 교회가 한 해 동안 베어낸 나무 수를 알 수 있다. '한 주일 동안의 인쇄량(A4 용지 장수)×52주÷1만 장'.

주보 용지의 경우 전국적으로 보면 우리나라 교회와 교인의 수가 5만 곳, 1천 만 명 정도이니 한 주일에 A4 용지로 최소 1천 만 장 소비된다고 할 수 있다. 일 년이면 5억 2천만 장. A4 용지 20만 박스나 된다. 이들 대부분이 한 번 사용된 후 바로 쓰레기통으로 버려지고 있으니, 더욱 빈번해지는 기후 재앙에 우리 그리스도인 역시 책임을 피할 길 없다.

만약 그 주보를 천연 펄프가 아닌 재생지로 바꿀 수 있다면(원목 1그루가 생산하는 종이의 양이 A4 기준 1만 장이니까), 한 주일에 사용되는 1천만 장에 해당하는 나무, 최대 1천 그루까지 지켜낼 수 있을 텐데…….

얼마 후면 한국 교회가 1984년부터 지켜오고 있는 환경주일(6월 첫 주일)이다. 이번 환경주일을 계기로, 온 생명을 풍요롭게 하는 '재생종이'를 사용하는 일이 전국 교회로 확산될 수 있었으면 좋겠다. 재생종이로 주보를 만들고, 성가대 악보도 재생복사지로 복사하고, 교회학교에서는 재생 공책과 연필, 그리고 볼펜을 상품으로 주며, 모든 것이 창조의 숲에서 온 것임을 알려준다면 그것 이상으로 좋은 환경교육이 없을 것이다.

재생종이 제품은 구하기 어려울 뿐 아니라, 질이 떨어지고 값도 비싸다는 생각이 든다면, 우선 구입하여 일정 기간 사용해볼 것을 권한다. 오해가 풀릴 것이다. 복사지의 경우 일 년 이상 사용한 이들 가운데 대부분이 특별한 걸림 현상이 없다고 말하고 있다. 또 주보용지와 복사지로 사용하는 재생지는 일반종이에 비해 비싸지도 않다. 인쇄용 중질만화지의 경우는 오히려 더 싸다. 게다가 자료집을 만들면 가볍게 느껴져 오히려 좋은 인상을 주고 있다.

지난 총회 환경선교정책협의회에서도 여러 목회자들이 '재생종이 사용 캠페인'을 약속하곤 했는데, 우선 이 운동을 펼치고 있는 기독교환경연대 홈페이지(www.greenchrist.org)에서 '교회 주보와 재생지'에 대한 설문응답을 하는 것으로 시작해보자. '재생종이' 주보로, 창조의 숲이 있는 신음하는 지구가 치유되는 그날을 보게 될 것이다.

〈기독공보 2010년 5월 기고〉

도농 상생의 길
- 생명의 쌀 나눔

    2007년 4월 여러 교회와 기관들의 관심 속에서 '생명의 쌀 나눔 기독교운동본부'가 발족되고, 도농 간 협약식이 열렸다. 그 자리는 도시 교인과 농촌 교인 간의 형제애를 나누는 뜻 깊은 자리였습니다. 나눔의 매개체는 '생명의 쌀'이었다.

    쌀은 우리의 주식이요, 하나님의 영이 거하는 거룩한 성전인 우리 몸을 건강하게 해주는 기본이다. 안타까운 점은 26.9%일지라도 식량을 자급하게 하는 쌀마저 수입할 처지에 놓였다는 점이다. 더구나 최근 들어 일고 있는 웰-빙 바람을 타고 중국 동북부의 친환경농산물까지 수입될 텐데, 우리나라 유기농산물의 생산기반마저 타격을 입지 않을까 걱정이다. 만약 고품질 저가의 중국 쌀이 시판되면, 국내 식당이나 급식업소 등 대형업소를 중심으로 그 수요는 급속하게 늘 것이다. 중국 동북부를 중심으로 생산량을 늘려가고 있는 이 쌀은 미국산에 비해 가격경쟁력을 이미 확보하고 있고 환경의식이 높은 일본, 대만 소비자들에게도 인기를 얻고 있어 국내 환경농업에 종사하고 있는 이들이 크게 염려하고 있다.

결국 다량의 쌀이 수입되어 식량안보의 위기가 초래되면 세계 곡물 메이저들에게 휘둘려 비싼 농산물을 사먹어야 할 텐데, 석유가 나지 않는 국가들이 고유가 행진 속에서 처한 경제위기를 생각하면 지금 당장 농민들과 함께 강경 대응해야 하는 것은 아닐까 싶다.

하지만 그럴 수도 없는 일이고, 우선 가정에서부터 우리 쌀을 애용하는 것이 불안해하고 있는 농민들에게 작지만 큰 힘이 되리라 생각한다. 나로부터 시작하여 우리 쌀로 밥상을 차리는 노력이 확산된다면 농민을 보호하고 가족의 건강과 식품의 안전을 지킬 수 있다.

그리고 우리의 농업을 유지할 수 있는데, 이는 식량 확보만이 아니라 홍수 조절, 수자원 함양, 토양유실 방지 및 토양 보전, 대기 정화, 수질 정화, 산소 공급 등 국토 및 환경보전에 기여하는 바 크다. 그 가치가 연간 약 24조 원에 달한다. 이는 농업의 연간 부가가치 생산액과 맞먹는 값이다. 게다가 농지는 야생동물들에게 서식지를 제공하여 생물자원을 보호하고 생태계를 보전하기도 한다.

그런데도 우리는 주식인 쌀을 소홀히 여긴다. 현재 우리는 4인 가족 기준하여 한 달에 쌀 20Kg도 먹지 않고 있다. 그만큼 밀가루 음식과 육식과 반찬 위주의 식사를 하고 외식을 즐겨 쌀 소비가 줄어든 것이다. 그 대가로 우리는 일정한 혈당을 유지하는 능력에 문제가 생기고, 정신분열적 증상과 비만과 당뇨병 등으로 고생하고 있다. 또 육류가 대량으로 소비되면서 집단사육의 문제와 환경파괴가 가속화되고 있다. 농민들은 제대로 된 생산방식으로는 삶을 보장받지 못해, 자신의 건강을 해치면서까지 땅과 농산물에 농약과 제초제를 뿌리나 여전히 생계는 어렵다.

이제부터라도 우리의 몸은 물론 이웃과 자연을 위해, 우리 쌀로 지은 밥을 먹자. 물론 우리 땅에서 난 생명의 쌀을 먹자. 생명의 쌀은 무농약의 단계를 지나 농약과 화학비료를 전혀 사용하지 않고 생산된 것을 말하는 것으로, 이러한 쌀을 생산하려면 4~5년 이상 꾸준한 정성을 들여야만 한다. 만약 1천만 성도가 생명의 쌀을 연중 주식으로 한다면, 연간 1백만 톤의 쌀을 지킬 수 있다. 이 양은 약 9억 8천 5백 7십 만 평의 논을 생명의 땅으로 보전하는 동시에 28만 5천여 농가, 2만 8천여 농촌교회를 살릴 수 있다.

생명의 쌀로 지은 밥을 먹는 것이야말로 내 몸과 마음은 물론 땅을 살리고 나라를 지키는 길이다. 으면, 우리의 몸과 마음은 물론, 땅을 살리고 농촌이 안정적인 쌀 생산으로 생활의 안정을 되찾게 할 것이다.

도시와 농촌은 한 나무의 뿌리와 꽃으로 하나의 생명체이다. 오늘날 농촌과 농업은 붕괴되고 있으며, 도시는 오염된 식품으로 건강의 위협을 받고 있다. 농촌과 도시는 함께 손을 잡아야 한다. 농촌은 생명의 쌀을 공급하고, 도시는 그것의 가치를 소중히 여기고 나누는 협동적 삶을 살아야 한다.

아무쪼록 농촌 교인과 도시 교인이 서로 관계를 맺어 생명의 쌀을 나눔으로써, "농민 교인은 도시 교인의 건강을, 도시 교인은 농민 교인의 생활을" 뒷받침하는 협동적인 삶을 구축할 수 있기를 바란다.

〈CGN 칼럼, 2007년 6월〉

교회학교 간식
이대로 좋은가

 최근 아이들의 몸과 마음의 병이 깊어지고 있다. 아이들 2명 중 1명이 제왕절개로 태어나며, 10명 중 9명이 엄마 젖을 먹지 못하고 소젖을 먹고 자란다. 이 아이들은 이어서 패스트푸드와 인스턴트식품을 먹고 자란다. 그 결과 소아비만, 소아당뇨, 아토피 피부염 등 각종 신체적 질환이 급속히 늘고 있다. 뿐만 아니라 아이들이 육류와 설탕은 물론 패스트푸드와 인스턴트식품 등 산성식품에 길들여지면서 매우 공격적이고 산만해질 뿐만 아니라 정서불안, 신경증, 스트레스 등 정신적 질환을 앓는 아이도 급격히 증가하고 있다.
 상황이 이럴진대, 교회에서 양육받고 있는 아이들은 어떤가? 과연 생명을 살리는 양식을 먹고 있는가? 평일은 고사하고 주일만큼은 하나님의 성전인 자신의 몸과 마음을 거룩히 여기는 음식을 대하고 있는가? 6일 동안 먹고 있는 음식과 별반 다르지 않다는 게 중론이다. 과자, 빵,

사탕, 초콜릿, 아이스크림과 빙과류, 탄산음료, 패스트푸드 등 주일마다 아이들은 선생님들이 쉽게 구입한 인스턴트식품을, 빨리빨리 그리고 꼭 필요한 것도 아닌 것을 많이 먹게 된다. 얼마 전 미국 소비자 단체에서 코카콜라와 펩시콜라, 쿠키 등을 어린이 건강에 나쁜 최악의 간식으로 선정한 바 있는데, 보도를 접해도 우리와 상관없는 이야기로만 여기기 일쑤다.

한편 선생님의 가르침을 받으며 서로 교제하며 떡을 떼는(행 2:42) 아이들의 모습도 찾아보기 힘들다. 더구나 문제는 그들 손에 쥐어지는 인스턴트식품에는 단백질과 지방이 과다하게 들어 있고, 또 발색제, 합성감미료, 산화방지제, 방부제, 표백제, 피막제, 합성착색료 등 그 종류 400여 가지나 되는 식품첨가물이 가득하다. 특별 프로그램이 있어 먹게 되는 식사 때 밥상에 올라오는 음식도 별단 다르지 않다.

혹자는 6일간 잘못 길들여진 입맛, 산성화된 체질을 주일 한 날로 바꾸기란 여간 어려운 것이 아니라고 엄살을 부린다. 하지만 생명이신 주님을 머리로 하는 교회이기에 힘들더라도 생명의 양식, 건강한 음식을 나눌 수 있도록 해주어야 하는 건 아닐까? 주일 하루만이라도 생명의 양식으로 몸과 마음을 치유받게 하면 생명의 기운을 부여받아 힘 있게 6일 동안의 삶을 살아갈 수 있는 것 아닐까?

우리 교회학교에서부터라도 고단백, 고지방, 백설탕으로 산성화되고 유해물질로 오염된 아이들의 몸과 마음을 치유하기 위해 애써보자. 우선 주일만큼이라도 아이들이 철따라 자연에서 나오는 먹을거리를 먹을 수 있게 해보자. 어릴 때의 먹을거리와 식습관은 지금 병든 그들의 몸과 마음, 영혼을 치유할 뿐 아니라 일생 동안의 식습관과 건강에 영향을 미칠 것이다. 이는 부모와 가정, 나아가 학교와 교회로까지 전파될 수 있을 것이다.

우선 하나님의 거룩한 성전인 자신의 몸에 아무거나 채워서는 안 된다는 교육을 하자. '사탕 안 먹기, 과자 안 먹기, 탄산음료 안 먹기, 아침밥 먹기, 그리고 햄버거와 피자 등 인스턴트식품 안 먹기' 등. 이쯤 되면 무엇을 먹이란 말이냐고 항의하는 이도 있을 것이다. 만약 찾을 수 없다면 불필요하게 먹이지 않는 것도 생각해볼 일이다.

물론 아이들에게 먹일 것들은 찾아보면 많다. 하나님은 우리가 먹을 수 있는 음식을 철따라 풍성하게 주신다. 그 은혜를 감지하지 못하여 오염된 먹을거리로 몸을 채워가는 어리석음을 범해서야 되겠는가?

우선 삶은 감자나 고구마, 옥수수, 땅콩, 멸치, 그리고 오이, 토마토 등은 어떤가? 떡이나 생수나 차를 마시도록 해보는 건 어떨까? 혹 특별한(?) 간식을 원한다면 생협을 통해 유기농으로 만든 다양한 간식거리를 구입해 먹을 수도 있다.

아이들의 몸과 마음을 살리는 간식을 생각하며 첫발을 내딛는 교회학교가 있다면, 일정 기간 간식담당 교사를 두고 간식 책이나 일지를 써보는 것도 좋을 것이다. 올해 기독교환경운동연대에서 교회학교를 대상으로 '생명밥상' 시범교육을 실시한다니 참여해보는 것도 한 방법이겠다. 어떤 방법이 됐든 교회학교에서부터 아이들의 먹거리와 식습관이 바뀌어 모든 기독 가정에 '생명의 밥상'이 차려지고 이를 통해 세상에 생명 사랑이 넘쳐나길 기도드린다.

〈녹색신앙정론지 『새하늘 새땅』 1호〉

이 땅의 모든 생명과 함께하는
그린 크리스마스

한 해가 저무는데 가슴에는 공허한 바람만 인다. 지구촌은 광기와 살기가 가득하고, 공포가 내려앉아 떠날 기미를 보이지 않는다. 문명이 발달할수록 정신은 오히려 오그라들고, 인류는 물신 앞에 굴복한 듯, 크고 화려한 것, 빠르고 강한 것에 홀린 사람들의 숨은 갈수록 얕아지고 거칠어만 간다. 남보다 앞서고, 남보다 많이 갖고, 남보다 강해지려고 버둥거리며 살아간다.

그래도 이맘때면 다들 주고받는 감사와 선물은 잊지 않는다. 그러나 감사와 선물조차 마음을 따뜻하게 하기보다는 과소비와 낭비 그리고 환경에 해악을 주고 있어 안타까움을 더한다.

시내 곳곳의 가로수와 조경수에 온갖 색깔의 장식용 전구가 휘감겨 밤거리에 휘황찬란한 빛을 발하나, 그것은 엄청난 전력에너지를 낭비하면서 잠시 사람들의 눈길을 끌뿐 식물들이 받아야 할 고통과 생리적인 변화는 전혀 고려치 않는다. 나무를 감싸고 있는 전구와 전선이 발생하는 열은 식물 주변의 온도를 상승시켜 식물이 겨울을 나고 봄을 대비하는 데 필요한 적응력을 약화시킨다. 추워야 할 밤에 전구를 켜므로 식물이 인식하고 있는 낮과 밤 온도 변화의 주기가 흐트러져 스트레스를 받게 된다. 정상적인 온도 이상의 온도가 지속될 경우에는 식물 자체의 방어 작용에 의해 껍질 등 특정 부위의 세포가 죽거나 종양이 생성될 수도 있다. 겨울철 추위에서 일정 기간 지내야 이듬해의 개화와 결실, 생장이 정상적으로 이루어지기 마련인데…….

이 계절, 아기 예수님은 어둡고 초라한 마구간, 사람들의 눈길이 닿지 않는 곳에 생명의 임으로 오셨다. 하루하루 먹고 일하고 자고 싸는 순박한 짐승 가운데, 낮고 천한 자리에 살아 있는 생명과 세상의 밥으로 오셨다. 그러기에 아기 예수 탄생의 기쁨과 축복은 사람뿐만 아니라 이 땅의 모든 생명이 함께 누려야 함이 마땅하다.

주고받는 선물은 늘 생명을 중심에 놓아야 한다. 선물을 고를 땐 가급적 자연적으로 만들어진 선물을 찾자. 선물 받는 사람이 생명에게 더욱 호의적이 될 수 있도록 풀꽃과 나무, 혹은 씨앗을 주어 돌보게 하는 것은 어떨까. 살아 있는 화분에 담긴 식물은 공기를 청정하게 해주고, 우리의 생활공간을 아름답게 하며, 지구 온난화 현상으로부터 지구를 보호해준다. 그리고 무엇보다도 주고받는 선물 이상으로 일 년 사계절이 다 아름다운 선물이 되게 하기에 충분하다.

모임 때는 일회용품은 줄이고 대신 상차림에 도자기 접시나, 유리컵을 사용하자. 보다 적은 종이 소비와 보다 적은 쓰레기를 내놓도록 힘쓰자. 음식 준비는, 유기농산물을 사서 유해 살충성분에 노출되는 것을 줄여야 한다. 그것은 환경을 오염시키지 않는 지속가능한 농법을 장려

하는 길이기도 하다.

크리스마스 장식 역시 사람뿐 아니라 식물들도 예수 탄생의 기쁨과 축복을 누릴 수 있게 해보자. 자연이 우리에게 줄 수 있는 장식을 찾아 마을의 작은 산이나 공원을 거닐며, 가지라든가, 잎사귀, 열매들 그리고 꽃들로 장식하는 것도 좋을 것이다. 부득이 나무를 장식할 때는 사이즈를 최소화하고 장식 전구의 수도 최소화하여 에너지를 절약하자.

아니 장식으로 나무를 감출 게 아니라 매년 크리스마스 때면 계절의 변화에 따라 다가오는 추운 겨울을 보내고 새 봄을 맞고자 몸 속 수액을 비우는 나무의 기도를 몸과 마음을 모아 함께 드려보자. 마구간처럼 어둡고 캄캄한 우리네 몸과 마음에도 아기 예수님이 오셔서 우리 안의 생명의 빛을 회복시키시고 빛나게 해주실 것이다.

〈『기독교세계』 2003년 12월호〉

자연의 벗
NGO와 교회

21세기는 시민사회의 시대, 엔지오(NGO, Non Governmental Organization)의 시대다. 엔지오의 역할이 우리 사회의 화두가 될 만큼 다양한 엔지오들이 새로 생겨나고 있을 뿐 아니라 그 영향력도 대단하다. 국제적으로는 국제사면위원회(Amnesty International), 그린피스 등이 우리에게 잘 알려져 있으며, 국내적으로는 참여연대, 환경연합 등 전국 규모의 단체를 비롯하여 공식적인 체계를 갖춘 엔지오가 이미 수백 개에 달한다. 국내 엔지오들의 활동은 그 어느 때보다 활발하다. 물론 아직도 풀어가야 할 과제는 많다. 그만큼 이들의 활동은 중요하고 더욱 활성화될 것이라 여겨진다.

혹자는 교회가 새로운 엔지오 활동의 구심체가 돼야 한다고 말한다. 교회는 항상 사회의 변화와 같이 숨 쉴 수밖에 없기에 엔지오의 역할을 충실히 떠안아야 한다는 말이다. 사실 교회는 매우 많은 인적·물적 자원에다 기획력을 가지고 있어 엔지오로서의 가능성이 가장 큰 조직이다. 뿐만 아니라 엔지오와 교회의 사회선교 정신에는 공통점이 있다. 생명 존중, 인간의 존엄성 회복, 공동체성과 도덕성의 확립이 그것이다. 차이가 있다면 전자는 휴머니즘에 토대하는 반면, 후자는 하나님의 사랑 실천이라는 신앙적 의미를 담고 있다는 점일 것이다. 주님께서 가르치시며 전도하고 병 고쳤던 일, 즉 봉사와 구제활동도 오늘의 시각에서 보면 엔지오적 활동이었다고 볼 수 있을 것이다. 주님을 따르는 우리 자신과 교회가 엔지오의 역할을 감당하는 것은 어쩌면 당연한 일이다.

이제 교회가 기존 엔지오들의 활동을 적극 지원하고, 교우들은 한 가지씩의 엔지오 운동에 회원으로 참여하여 간접적으로나마 활동하도록 하자. 엔지오에는 희생정신을 가진 사람의 참여가 절실하기에 기독교인의 동참은 큰 힘이 될 것이다. 나아가 교회가 예수의 정신에 바탕을 둔 엔지오 운동을 펼쳐갈 수 있다면 그것은 세상에서 빛과 소금의 역할을 감당하는 것이자 선교의 장을 넓히는 길이 될 것이다. 특별히 교회가 위치해 있는 지역 생태계를 스스로 책임지고 가꿔나가는 지역 내 엔지오운동은 하나님께서 다시 한 번 '좋다' 하실 만한 일이 될 것이다. 이미 많은 교회들이 지역의 생태계를 배우고, 또 교회 안팎으로 나무를 심어 녹지축을 잇는 일을 시작하였다. 백두산이 높고 지리산이 크다 하지만 자신들이 기대어 살아가고 있는 산을 대신할 수 없음을 알기 때문이다.

이 땅의 모든 교회들이 섬기는 교회로서 지역사회에 우뚝 서길 희망해본다. 교회들이 지역의 산과 하천, 그리고 그 곳 자연의 벗이 되어 필요로 하는 도움을 줄 때 세상이 치유되고 주님의 축복이 있으리라 믿는다.

〈『기독교타임즈』 2004년 5월 21일〉

두 발로
병든 지구를 '지키고 돌본다'

얼마 전 한국교회백주년기념관 로비 한편에 자전거발전기 두 대가 세워졌다. 누구든 그곳 자전거에 올라가 페달을 돌리면 전기가 생산된다. 생산되는 전기는 사람의 힘으로 직접 페달을 돌릴 때 나오는 운동에너지를 전기에너지로 전환시킨 것이라서 공해가 없다.

발전기는 페달이 돌아감에 따라 연결되어 있는 핸드폰이 충전되고, 또 선풍기가 돌아가고, LED 전구에 불이 들어오고, 모니터가 켜지며 환경영상이 나온다. 발전기 한 대에서 생산되는 전기는 220V여서 바로 사용할 수 있고, 다른 한 대에서 생산되는 전기는 12V여서 축전지(배터리)에 저장하였다가 필요할 때마다 인버터로 전환하여 사용하면 된다.

이 발전기는 사설동호회인 '전기를 만드는 사람들'(cafe.naver.com/diy2010)에 의뢰해 만든 것인데, 1시간 동안 지속적으로 돌리면 300W의 전기를 만들어낼 수 있다. 이를 기준으로 1천만 그리스도인들이 자전거에 올라 하루 1시간씩 페달을 돌린다고 생각하면, 하루 시간당 30만Kw, 즉 화력발전소 1기의 전력을 만들어낼 수 있다. 놀라운 발전량이다. 홍콩의 경우 한 헬스클럽에서 헬스자전거에 발전기를 달아 거기서 나오는 전기를 직접 쓰고 있다고 한다. 손님들이 운동하면서 낭비하는 에너지를 전기로 만들어 직접 사용하고 있다고 하는 것이다.

물론 이 같이 사람의 힘으로 만드는 전기(인간 동력)는 햇빛, 바람 등과 같은 재생가능 에너지와 마찬가지로 화석연료를 대체하는 양은 아직 미미하다. 하지만 한 사람 한 사람의 작은 시도와 실천이 모이면 지나치게 낭비하는 우리의 에너지 습관이 바뀌고, 마침내 지구의 미래를 희망적으로 바꾸어줄 것이라 믿는다.

만약 나 한 사람이 1년 동안 매일 1시간씩 돌린다면, 총 109Kw의 전기가 생산되고, 총 46.2Kg의 CO_2가 대기 중으로 방출되는 것을 막을 수 있다(전기 1Kwh의 CO_2 배출량은 424g, 국민 1인당 CO_2 배출량 = 12톤/y, 33.61kg/d)고 한다. 수치상으로는 성과가 미약해 보일지 모르나, 그렇게 하면 '참 좋겠다' 싶다. 비록 열병을 앓고 있는 지구를 당장은 시원하게 할 수 없어도, 주님의 마음을 조금은 시원하게 해드릴 수는 있을 테니 말이다.

이번에 두 대의 자전거발전기가 설치된 한국교회백주년기념관 로비는 교계의 각종 행사나 강연이 많은 곳이다. 그런 만큼 목회자들이 많은 관심을 갖게 될 것이고, 교회는 물론 성도들의 가정마다 자전거발전기의 페달을 힘차게 밟게 되길 소망한다. 우리가 땀 흘리며 즐겁게 돌린 만큼, 우리는 지금의 석유 고갈과 기후변화로 인한 지구 재앙의 두려움에서 벗어나 자유함을 얻고 온전히 창조동산을 지키고 돌볼 수 있게 될 것이다.

관심 있는 분들은 오는 6월 25일(금)에 열리는 예장총회 환경지도자 학교(생태목회와 재생가능에너지 워크숍)에 참석하거나 한국교회환경연구소(02-711-8905)로 문의하시어 미약하나마 에너지를 직접 생산하는 시스템을 갖춰 창조보전을 이루어가길 희망한다.

〈『녹색은총』 2010년 5, 6, 7월호〉

신음하는 피조물에게 희망을 주는 십자가 불빛

깜깜한 밤이면 반짝이는 것들이 그립다. 밤하늘을 수놓는 고요한 별빛과 달빛이. 하지만 도시의 밤하늘은 온통 가로등과 간판의 불빛에 어지럽기만 하다. 도시 어디서도 어두울 권리를 제대로 누리는 밤하늘은 없다.

도시 밤하늘에선 교회들도 한 몫 한다. 붉은 십자가 불빛을 찾는 건 그다지 힘든 일도 아니다. 어둠 속에서 교회 모습을 드러낼 수 있는 것이 오직 십자가 불빛뿐인 양 '더 크고 더 밝게' 하기 바쁘다. 은은하면서도 품격 있는 불빛은 어디에도 없다.

교회 십자가가 소비하는 전기료가 얼마나 된다고 호들갑이냐고 할 사람들이 있을 것이다. 그러나 알고 보면 십자가가 소비하는 전력량은 만만치 않다. 2m 길이에 1.5m의 양 날개로 된 네온 십자가의 경우 시간 당 평균 1.5KWh를 소비하니, 하루 8~10시간을 켜놓으면 12~15KWh

요, 한 달이면 최소 300KWh(127Kg의 CO_2 배출)다. 이는 한 가정이 보통 한 달 동안 사용하는 전력량이다.

에너지 고갈과 기후 붕괴, 원전사고로 인한 방사능 오염, 사막화와 종의 멸종 등으로, 창조의 동산 지구가 멸절의 위협 아래 놓여 있는 것을 생각한다면, '믿는 이는 물론이고 믿지 않는 이들에게 삶의 지표로 제시되는' 십자가라고 해서 그냥 두고 볼 일이 아니다. 오히려 교회당 지붕 꼭대기 '첨탑 위에 있는 십자가'이니 더욱 우리의 부끄러움이 되지 않도록 경계하고 또 경계해야 할 일이다.

전국에 있는 교회 십자가가 네온으로 불을 켠다고 할 경우 그로 인한 기후 붕괴의 영향은 1년에 작게 잡아도 9만 톤(127Kg/월×12개월×6만 곳=91,440,000Kg)의 CO_2에 대한 책임이 있다고 할 수 있다. 해마다 그만큼씩 우리는 생명의 주인 되신 주님의 십자가를 부끄럽게 하고 있다고 할 수 있다. 그러다보니 교우들이 지구 절멸의 위기를 외면한 채 여전히 자기 욕심에만 눈멀고 귀먹어 있어도 아랑곳 않을 수밖에.

교우들 한 사람이 1년간 소비하는 전력량은 작년 기준으로 9,493 KWh나 된다. 이미 5년 전에 일본, 독일, 영국 등의 선진국보다 많은 양을 소비하는 것으로 나타났었는데, 그보다도 30%나 더 늘어났다. 그리고 욕심의 끝이 없다고 본 정부는 2030년이면 13,510KWh으로 늘 것이라며 원전 건설에 박차를 가하고 있다. 원전 연료인 우라늄의 경우 2030년이면 2000년보다 20배나 가격이 뛰고 가채연한도 2040년부터 급강하 하여 2070년이면 사라질 것이라는데 이는 전혀 고려의 대상이 아니다.

다행스러운 점은, 최근 들어 교회들이 만물의 화해자 되신 그리스도의 십자가를 기후 붕괴의 현실 앞에서 부끄럽지 않게 켜려는 운동이 전개되고 있다. 기독교환경운동연대와 더불어 예장(통합) 총회 환경보전위원회는 지난해 말부터 이 일에 관심을 두고 캠페인하고, 조만간 '친환경십자가' 워크숍을 열 계획을 세워놓고 있다.

'친환경십자가'를 세우는 꿈은 그다지 어려운 것도 아니다. 우선은 네온 십자가 대신 그의 10%도 안 되는 전력으로 불을 켜는 LED조명 십자가로 교체할 생각이다. 그리고 종탑 위 십자가 불을 밝히는 시스템을 한전 계통과 아예 분리해서 태양광전지판과 풍력터빈을 연결, 직접 생산한 전기로 밝힐 생각이다. 낮 동안 하나님이 모든 생명에게 골고루 내려주시는 햇빛과 매 순간 바람으로 생산한 전기로 밤하늘에 십자가 불빛을 밝혀야 하니 축전지와 인버터는 필수다. 그리고 하늘에서 오는 은혜의 빛에, 비록 적은 양일지라도 교우 한 사람 한 사람의 수고를 더한다는 차원에서 자전거발전기도 연결할 생각이다. 만약 자전거발전기에 계측기를 달 수 있다면 개인 혹은 교우 전체가 발전한 양을 일러주는 방식으로 부추겨진 욕망을 살며시 내려놓고 하나님과 이웃, 신음하는 자연 앞에서 당당해지는 연습을 할 수 있게 도울 수도 있다. 끝없이 달리는 욕망이 누군가에게 돌이킬 수 없는 희생을 초래하거나, 공기와 물과 땅이 오염되어 회복되기 어려워지고 여러 동식물이 멸종 위기에 처하게 하지 않도록 말이다.

이미 몇몇 교회들이 이러한 실천을 향한 걸음을 내딛고 있다. 그러기에 꿈을 꾼다. 우리가 자연에게 준 상처가 치유되는 꿈을. 꿈꾸는 것보다 좋은 것은 꿈꾸는 대로 사는 것이라고 했으니, 밤하늘 십자가의 불을 밝히려거든, 하늘의 은혜와 우리의 수고가 만나는 그런 십자가의 불을 밝히자고 청해본다. 그러면 줄어든 전력량만큼 온실 가스는 물론 방사능의 위험도 줄 것이다. 이 일에 함께 마음 모으는 교회는 물론 교우들이 늘어난다면 위험을 부추기는 발전소도 추가로 짓지 않아도 될 것이고, 그러면 신음하는 피조물들이 고통으로부터 자유하게도 할 수 있을 것이다.

하늘의 은혜와 우리의 수고가 만나서 밝히는 밤하늘 십자가. 이와 같은 십자가 불빛이라면, 우리의 교회가 기후 붕괴와 방사능의 위협에 크게 신음하고 있는 지구 앞에서 조금은 당당하게 설 수 있겠다. 아니 이 정도라야 작금의 풍요와 편리에 흠뻑 젖어 있는 세상을 온전히 밝힐 수 있으리라.

> "내게는 우리 주 예수 그리스도의 십자가 외에는 결코 자랑할 것이 없으니……"(갈 6:14)

밤하늘을 수놓는 수많은 십자가들이 크고 화려해서가 아니라 그리스도의 십자가 정신을 온전히 드러내는 우리의 진정한 자랑거리가 될 수 있기를 기대해본다.

〈2010년 말 『새하늘 새땅』에 수록하였던 것을, 2011년 5월에 보완하여 『아시아 카톨릭뉴스』에 기고〉

후쿠시마에서 들려오는
신음소리에 애정 어린 경청을…

지구가 '살려 달라' 하고 울부짖는 소리를 들은 적이 있는가? 지금 지구는 자기 욕심을 채우려고 '개발, 인간의 행복'이라는 우상에 미쳐 파헤치고 부서뜨리는 이들에 의해 온 몸에 상처입고 신음하고 있는데, 대부분의 사람들이 자기 욕심에 눈멀고 귀먹어 있다. 성서를 보면 이스라엘 민중이 애굽 땅에서 울부짖을 때 하나님이 그 신음소리를 듣고 해방시킨다. 그리고 지구가 자신의 신음소리를 듣고 해방시켜줄 하나님의 자녀들을 기다리고 있다고 쓰여 있다. 들어본 적이 있는가? 들리지 않는다면 지금이라도 경청(傾聽), 귀 기울여 들어보자. 마음 담아 들어보자. 영혼을 담아 들어보자.

일본 후쿠시마를 향해 마음을 열어보자. 지난 3월 11일 그곳에서 일어난 리히터 규모 9.0의 대지진은 수많은 사람들을 고통의 한가운데로 몰아넣었다. 게다가 연이은 후쿠시마 제1 원자력발전소(이하 원전) 1,

2, 3, 4호기 폭발은 일본은 물론 전 세계를 지금까지 방사능의 공포에 크게 떨게 하고 있다.

1986년 일어난 체르노빌 원전 사고의 경우는 25년의 세월이 흐른 지금도 진행 중이다. 체르노빌 30Km 이내는 아직까지 통제구역이어서 들어갈 수 없거니와 당시 피폭된 이는 물론 사고 이후 태어난 아이들까지도 암에 걸려 심한 고통을 받고 있다.

후쿠시마의 경우는 이미 사고 등급이 체르노빌을 넘어섰을 뿐 아니라 사태가 아직 수습되지 않은 상태이니 그 피해 규모와 기간은 상상할 수 없을 만큼 크고 오래갈 것이다. 이렇게 된 것은 사고가 자연재해와 결합되면서 냉각수를 공급하는 전력계통을 끊어놓았기 때문이다. 그것도 1기가 아닌 6기의 원전이 모여 핵 단지를 형성하고 있는 곳에서 말이다.

이 문제는 우리나라에도 그대로 적용된다. 한국지질자원연구원에 따르면 우리나라도 지진 안전지대가 아니다. 그리고 좁은 땅에서 원전 위주의 에너지 정책을 펴다보니 우리 역시 원전들이 핵 단지로 건설되어 있다. 현재 21기의 원자로가 가동 중인데, 지역별로 보면 고리와 신고리에 현재 5기(각 4기와 1기), 영광에 6기, 월성에 4기, 울진에 6기가 돌아가고 있다. 이것이 끝이 아니다. 고리에 3기, 월성에 2기, 울진에 2기가 건설 중이고, 고리에 4기, 울진에 2기가 또 계획되어 있다. 이대로 2024년을 맞으면 4개 지역에 원전이 총 34기가 되어 전체 전력 중 절반을 원자력 발전에서 얻게 되는데, 문제는 밀집도이다. 단위면적당 원전 시설 규모가 지금도 세계 10위인데, 그때가 되면 더 이상 따라올 나라가 없게 된다. 물론 집중된 만큼 사고에 따른 위험도 더 커지는 것은 당연하다.

더 이상 원전을 짓지 않으면 안 되는 걸까? 나 개인적으로 1991년 환경운동을 시작하며 핵의 위험성이 가장 위협적이라 생각되어 원전의 추진논리를 하나하나 반박해본 기억이 난다. 당시 원전은 9기였는데, 20년의 세월이 흐른 지금 그 수가 두 배 이상 늘어났다. 소비량이 너무 증가한 탓이겠지만, 그 많은 에너지가 정말로 필요한 것일까 하는 의문이 든다. 과다하게 부추겨진 것은 아닐까? 진정한 필요가 아니라 끊임없이 이윤을 좇는 이에 의해 부추겨진 욕망에 의한 것일 수 있다는 생각을 지울 수 없다. 어렴풋이나마 동조한다면 그 욕망을 살며시 눌러보자. 자신의 풍요가 누군가에게 돌이킬 수 없는 희생을 초래하거나, 공기와 물과 땅이 오염되어 회복되기 어려워지고 여러 동식물이 멸종 위기에 처하게 하지 않도록 말이다. 다음 세대가 최소한의 필요조차 채울 수 없는 상황이 오지 않도록 말이다.

그러나 아쉽게도 지금 우리의 욕망, 탐욕엔 끝이 보이지 않는다. 원전이 9기였던 1991년 2,412KWh였던 1인당 전력소비량은 2005년에 7,403KWh로 3배나 증가해 일본, 독일, 영국, 이탈리아 국민들보다 더 많아졌다. 그리고 2010년 현재 우리는 9,493KWh를 소비하고 있다. 1991년에 비해 4배나 늘었는데, 어디에 쓰이고 있는 걸까? 낭비되고 있는 것은 아닐까? 더욱이 2030년이면 13,510KWh로 늘어날 것이라며 정부에서는 원전 건설에 박차를 가하고 있는데, 정말 그렇게까지 늘려 사용해도 되는 걸까? 원전의 연료인 우라늄의 경우 2030년이면 2000년보다 20배나 가격이 뛰고 가채연한도 2040년부터 급강하하여 2070년이면 사라질 것이라는데 그래도 되는 걸까?

원자력이 그동안 우리가 누려온 풍요와 편리를 제공해준 것은 사실이지만, 이번 사고에서도 보았듯 한 번 켜진 원자력의 불은 절대 꺼지지 않는다. 상업적으로 원자력 발전이 시작되고 55년이 흘렀는데도, 사고의 위험성은 물론 발전 후에 필연적으로 발생하는 폐기물 문제를 어느 나라도 해결하지 못하고 있다.

아무리 생각해봐도 원자력에 기대는 것은 '정녕 죽을 수밖에 없는' 길이다. '먹음직도 하고 보암직도' 하여서 베어 문 '현대판 선악과', 원자력 발전을 둘러싼 이야기에 귀 기울여 보자. 신학자 틸리히는 '애정 어린 경청'(Loving Listening)을 하면 지구의 아픔을 들을 수 있고 그 순간 지구를 살리는 운동이 일어날 것이라고 했다. 지구의 아픔이 곧 내 아픔인 걸 깨닫게 될 것이고, 그러면 아픈 걸 벗어나려고 발버둥 칠 테니까 말이다.

들리는가? 후쿠시마 원전사고로 방사능 공포에 떨고 있는 이들의 신음소리가. '방사능 피해는 심각하지 않다', '우리 원전은 안전하다'는 말이 되풀이되는 가운데, 전국의 대기 중에선 방사능 물질이 검출되고, 방사능 비가 내리고, 국내에서 생산된 채소에서도 방사능 물질이 검출되는 것을 바라보는 떨림이 느껴지는가? 수명 연장이 결정된 고리 원전 1호기가 기기 고장으로 한 달간 가동 정지되는 사고를 바라보고 있는 지역민들의 고통이 느껴지는가? 그 아픔을, 그 떨림을, 그 신음소리를 듣는 순간 지구의 고통은 치료되기 시작할 것이다.

원자력발전이 포기되고 발전소가 더 건설되지 않을 수 있도록, 에너지를 낭비해온 삶을 회개함은 물론, 에너지 소비를 줄이는 등의 절제하는 삶을 적극적으로 살아내려 할 것이다. 전력소비량 자체를 줄여야 하니, 에너지를 덜 쓰고, 좀 더 춥고 덥게 지내는 일에 솔선할 것이다. 더불어 살아가는 이들과 함께 원자력발전이 우리 일상생활에 얼마나 위협적인 것인지 진지하게 그리고 지속적으로 성찰하며 원자력 폐기를 논의하고 에너지 전환을 위해 끊임없이 노력해갈 것이다.

〈3.11 후쿠시마 사고 이후 '푸른내일을 여는 여성들' 회지에 기고하고자 작성한 글〉

기독교환경운동연대 · 한국교회환경연구소

1982년부터 기독교정신을 바탕으로 환경운동, 절제운동, 신앙운동을 펼치고 있습니다. 초록별 지구가 처음의 아름다운 모습을 되찾아 모든 피조물이 평화롭게 살아가는 그날까지 우리의 노력은 계속될 것입니다.

■ 녹색교회운동
- 녹색교회 선정 및 시상
- 교회 대상의 녹색교회 10다짐 제정

■ 지구 온난화 억제운동
- '차 없는 주일' 캠페인 전개 및 대중교통 이용
- 온난화 및 사막화 방지를 위한 나무심기 운동 (몽골 은총의숲 등)
- 교회 햇빛발전소(태양광 발전소) 설치에 관한 자문
- 재생지 사용 캠페인

■ 환경주일 예배 및 행사지원
- NCCK와 교단과 공동으로 환경주일 예배자료집 제작
- 환경주일 예배 및 특강

■ 생명밥상 빈그릇 운동
- 생명의 먹을거리 교육 및 교회별 생명밥상 및 빈그릇 운동 전개
- 생명의 쌀 나눔 도농 간 협약

■ 환경교육 및 교재개발
- 환경통신강좌 및 생활속 환경실천 교육 진행
- '생태적 삶'을 위한 생활훈련 및 기독교환경대학 운영
- 생태기행 및 교회환경교육 자문

■ 환경자료 제작 및 보급
- 정기간행물 : 사무국 소식지 「녹색은총」, 녹색신앙정론지 「새하늘 새땅」
- 영상 : 새하늘 새땅, 지구살리기, 생명의 동산, 무엇을 어떻게 등
- 단행본 : 「현대 생태신학자의 신학과 윤리」, 「녹색의 눈으로 읽는 성서」, 「생태적 삶을 추구하는 영성」, 「에덴동산을 꿈꾸는 교회」 등

■ 창조보전을 위한 기도운동 및 연대활동

www.greenchrist.org 02-711-8905

녹색 그리스도인을 위한
환경통신강좌

하나님은 아름다운 세상을 창조하시고 우리에게 '잘 돌보라'고 하셨습니다. 우리 다음 세대들에게 전해줄 아름다운 세상을 위한 환경청지기 삶의 실천, 환경통신강좌로 시작하세요.

1권
1과) 피조물의 신음소리/ 환경문제의 성서적 근거/ 경건한 삶을 위하여
2과) 하나님을 닮은 존재/ 자연을 돌보는 인간/ 절제와 나눔을 위하여
3과) 만물의 평화/ 인간과 환경/ 생태적 삶을 위하여
4과) 생명과 호흡을 주시는 하나님/ 숨 쉬는 공기/ 숨 쉬는 공기를 위하여

2권
1과) 극심한 가뭄 / 소중한 물 / 소중한 물을 위하여
2과) 흙에서 나서 흙으로 / 살아있는 흙 / 살아있는 흙을 위하여
3과) 거룩한 생명의 양식 / 먹을거리와 식량위기 / 생명의 먹을거리를 위하여
4과) 버리는 것이 없게 하라 / 쓰레기 문제의 원인과 해결방안 / 쓰레기 감량을 위하여

3권
1과) 노아의 방주 / 생물종 다양성의 보존 / 종 다양성 보전을 위하여
2과) 생명의 근원, 빛 / 에너지와 환경 / 에너지 전환을 위하여
3과) 하늘의 창고 / 검소와 절제의 대안적 삶 / 지속가능한 소비를 위하여
4과) 지체의 역할 / 교회의 위기 대처방안 / 녹색교회를 위하여

* 우편으로 교재를 받아보고 과제를 풀어 제출하면 됩니다. 과정이 끝난 분들께는 수료증과 희망자에 한하여 기독인환경감시원증을 발급해드립니다.

* 문의 : 한국교회환경연구소(tel 711- 8905, www.greenchrist.org)

■ 한국교회환경연구소 발행도서

기후 붕괴 시대, 아주 불편한 진실 조금 불편한 삶

이제 기후 변화 시대를 지나 기후 붕괴 원년을 맞은 우리. 세계 도처에서 벌어지고 있는 기후 재앙은 강 건너 이야기가 아니라 우리가 매일 '오늘의 뉴스'로 보며 그 폐해를 몸으로 느끼는 절박한 현실이 되었다. 이 책은 기후 붕괴 시대에 대한 신학적 성찰과 실질적 대안을 함께 엮었다. 그리고 단지 논의에 그치는 것이 아니라, 이 땅을 사는 그리스도의 교회들로 하여금 그 문제를 인식하고 실천하기를 위한 구체적인 묵상, 성경공부, 설교 등의 실천적 프로그램을 제시하였다.

현대 생태신학자들의 신학과 윤리

현대 신학자들의 생태 사상을 두루 살펴볼 수 있는 책으로, 각 분야의 전문 신학자들이 자신의 전공에서 선별하여 소개한다. 보수적인 신학자부터 진보적인 신학자까지, 그 분야를 대표하는 전문 신학자들의 논문을 통해 인류 최대의 위기인 환경문제에 대한 대안을 모색케 한다.

풍성한 생명, 지금여기 (기독교 생활 속 환경교육 교재)

이 책은 다른 환경교육서들과 달리, '쉼', '물', '밥', '걷기와 탈것', '옷', '전기', '종이' 등에 있어서 자신의 삶을 스스로 돌아보아 다른 생명과의 관계를 보되 하나님의 말씀 안에서 문제 해결책을 찾아 실생활에 적용해갈 수 있게 해준다. 그동안 환경교육을 어렵거나 막연하게 느꼈던 분이 있었다면 이 교재로 다시 시작할 것을 권한다.

기독교 역사를 통해 본 창조신앙 생태영성

한국교회환경연구소와 한국교회사학회가 함께 지난 2천 년 기독교 신학사상의 역사 안에서 오늘날 우리 교회가 경청하고 주목해야 할 생태적 신학적 자산과 가르침은 없는지에 대한 물음 속에, 신학사상의 근간을 형성해 온 주요 사상가들의 저술 속에 담긴 생태적 사상을 성찰해보았다.

생태적 삶을 추구하는 영성 - 개정판

1998년 9월부터 두 달간에 걸쳐 〈생태적 삶을 추구하는 영성〉이라는 주제로 열린 세미나 내용을 모아 엮은 책이다. 〈현대 과학과 우주 생명〉, 〈자연, 인간, 종교〉, 〈대장연의 이치와 소우주로서의 인체〉, 〈동양사상과 생명적 사고〉 외 6편을 실었다. 장회익, 길희성, 이현주, 곽노순 등 우리 시대 영성 '멘토'들의 이야기를 통해, 참된 영성을 추구하는 삶의 길잡이가 되어준다.

기후 붕괴 시대, 생명을 살리는
교회 환경교육

2011년 12월 13일 초판 1쇄 인쇄
2011년 12월 20일 초판 1쇄 발행

지은이 유미호
기획   한국교회환경연구소
펴낸이 김영호
펴낸곳 도서출판 동연
등록   제1-1383호(1992. 6. 12)
주소   서울시 마포구 망원2동 472-11 2층
전화   (02)335-2630
전송   (02)335-2640
이메일 ymedia@paran.com
홈페이지 www.y-media.co.kr

Copyright ⓒ 유미호, 2011

이 책은 저작권법에 따라 보호받는 저작물이므로
무단 전재와 복제를 금합니다.

ISBN 978-89-6447-162-3 03200